社會叢書

中國人的價值觀

文崇一 著

東大圖書公司印行

國立中央圖書館出版品預行編目資料

中國人的價值觀／文崇一著

臺北市：東大出版：三民總經銷，民78

面；　　公分.

每章末附參考書目

ISBN 957-19-0010-9（平裝）

ISBN 957-19-0011-7（精裝）

1.民族性—中國　I.文崇一著

535.7/8642

© 中 國 人 的 價 值 觀

中國人的價值觀

編號 E 54069

東大圖書公司

著　者	文崇一
發行人	劉仲文
著作財產權人	東大圖書股份有限公司
總經銷	三民書局股份有限公司
印刷所	東大圖書股份有限公司
	復興店／臺北市復興北路三八六號六樓
	重慶店／臺北市重慶南路一段六十一號
	郵　撥／〇一〇七一七五——〇號
初　版	中華民國七十八年十月
再　版	中華民國八十二年十月

編　號 E 54069

基本定價　叁元伍角陸分

行政院新聞局登記證局版臺業字第〇--九七號

ISBN 957-19-0010-9（平裝）

序　言

　　一個人的價值觀念會影響到行為，大概是不會有問題的。通常，個人在採取行動之前，都會考慮值不值得或該不該這樣做。這樣的考慮就受到原有觀念或思想的約束，那些觀念便直接產生推動或抑制的作用。如果被認為是好的或有利的，他就會去做；不好的或不利的，他就不會去做。無論是好或不好，利或不利，都是一種價值判斷。當然，這並不是說價值觀念是決定行為的唯一因素；影響行為的因素，除價值觀念外，還有許多，如現存的社會規範，道德標準，有形和無形的制度，以及生活環境等。但無可否認的，價值仍然扮演了它的重要角色，在行為的過程中，尤其具有某種操縱的功能。像甘地那樣的人，就為了反殖民主義，而貢獻了他的一生；華盛頓就為了建立一種民主制度，而放棄已經到手的權力。在許多地區，不少人就為了追求民主、自由，與獨裁的執政者對抗，而身繫牢獄，乃至犧牲性命。這類行為，明顯的都受到個人或社會價值的影響，Parsons 所設定的有關行動的價值取向方式以及各種模式變項（1966:57, 102-5），就是從行為的角度去分析它們間的關聯性。

　　當每年有十幾萬人去報考大學的時候，顯示這個社會不僅重視教育，特別是高等教育所帶來的後果，而且把教育當作一種最高的社會價值，因為它明顯的指示，大學畢業文憑對於個人將來的事業，無論經商，從政，或做更高深的研究，都有很大的幫助。我們可以說，這是一種目的論，卻也是一種價值導向作用。傳統中國社會強調「萬般

皆下品,唯有讀書高」,或「書中自有黃金屋,書中自有千鍾粟」,正是把知識分子的價值取向和行動目標合而為一,行動本身就受到價值的影響。

儒家的道德價值,以忠、孝作為事君父的最高價值標準,雖不見得就是忠臣、孝子滿街跑,也仍然有不忠、不孝的人,但自漢代以來,在行動上畢竟是以忠事君、以孝事親的人為多,並且受到表揚。我們不必去討論每個朝代的君主何以都提倡忠君愛國,也不必去追究為什麼有那麼多的知識分子熱衷於獵取功名,基本的原則是,當儒家的價值體系和意識形態緊密的聯結在一起時,對於社會人羣,特別是官僚階層和士紳階層在行為上的影響力,必然加強。正如 Hutcheon 所說,「價值體系和意識形態體系(文化)是一組互賴關係」,對行為產生影響(1972: 182)。他認為意識形態體系和價值有一種互動作用,而價值體系透過選擇和習慣,便直接影響個人行動,雖然個人行動和價值體系也會受到環境的影響(同上:183)。就價值影響行為層次而言,差不多相同的說法,也見之於許多別的著作(Parsons 1966: 12; Kluckhohn 1962: 395, 409-11; Bengtson & Lovejoy 1973: 880; Kunkel 1965: 266)。可見,個人的價值觀念,雖不一定是決定行為的唯一因素,卻有極重要的導向作用,特別是用來作為行為前的選擇標準。

既然個人在行動之前必須做一些選擇,選擇的過程中自然會涉及個人的性格、成就動機、價值觀念、需要和外在的社會規範等。這些特質都可能驅使個人採取行動或放棄某些行動,這就是中國人通常所說的「趨吉避凶」的選擇原則。吉就是對個人有利或獲得社會讚許,凶就是對個人不利或受到社會指責。其中價值觀念特別產生正面或負面的影響,如果個人認為是對的,就會積極的去從事;如果個人認為

是不對的，就會停止或完全反對。例如要不要投考大學，應該生幾個
子女，該不該參加政黨，都跟個人在這方面的價值觀有關。這就表示，
我們要從個人的信仰和行動體系去了解價值，它們可能是社會和心理
過程間互動的產物（Bengtson & Lovejoy 1973: 883）。其實也就是
社會環境和個人性格有密切的關係，既是個人的需要，又是社會的鼓
勵或限制。也許性格與行為上的他人取向或自我取向就是在這樣的條
件下形成的（楊國樞 1988: 292-3）。這從傳統性格行為到現代性格行
為的過程和結果上，也可以獲得進一步的了解（同上：389-407）。

　　這樣的現象，也說明另一種關係，不僅人的價值會影響行為，行
為和外在環境，也會加強某些價值觀念，就如 Morris 所說的，「決
定一個人的價值觀念的，有生物條件，心理條件，社羣條件，和生態
條件」，它們間彼此互為影響，人的價值觀念也會影響它們（徐道鄰
譯 1957: 107）。我們在日常生活中也可以發現，一個技術官僚或資本
家所看重的是，從經營中獲得更大的利潤，他們會從儘量降低成本著
手，以達到預定的目標。社區居民和生態學家就不是這樣想，他們把
保護環境和生活品質，看得比利潤或經濟成長更重要。兩種價值標準
和行為方式就變成相互對立的現象，這在工業社會已經是一種相當普
遍的模式。這是不是可以說，在工業化或社會變遷的過程中，價值對
行為模式具有塑造或加強的作用（Kunkel 1965: 266）？正如傳統儒
家倫理，在士紳階級和統治階級的極力推廣之下，使中國社會形成一
種泛道德傾向的行為模式。假如西方資本主義的興起，如韋伯所說，
是受了新教倫理的影響（Weber 1958），則一種價值觀念可能強烈的
影響行為，就成為不爭的事實。中國古代的重農輕商政策，就建立在
重視農業的基礎上，把土地視為最重要的財富。臺灣工業化的成就，
一方面固然得力於把土地資本轉化為工業資本，在價值標準上產生變

異，另方面也是經濟決策階層對輕工業，特別是紡織工業的重視與策劃，並逐漸取得國際市場。明顯的，這是一種價值觀念的轉變，而影響到決策和行為的轉變。中國曾經經過好幾次的工業化或現代化運動，都沒有成功，原因可能很多，但價值觀念不能與行為配合，可能是一個極為重要的因素。這也是我一向所強調的，經濟發展與價值、制度、結構都不是孤立的事件，它們間是一個密切的互動體系（文崇一民 57: 6-7）。也就是說，在運作的過程中，行為會受到個人或羣體價值觀念的影響，似乎無庸置疑。

　　本書所收集的六篇論文，大致可分為兩大類：第一類是分析中國人的價值觀念。這一類又可以分為兩部分，第一部分以整個中國文化價值為分析對象，包括第一章〈中國人的價值觀〉，第二章〈中國傳統價值的穩定與變遷〉；第二部分為臺灣地區價值變遷的實徵研究，包括第三章〈現代化過程中的價值變遷：臺北三個社區的比較研究〉，第四章〈地區間的價值差異：四個社區的比較分析〉。第二類是討論價值或價值取向與國民性間的關係，包括第五章〈從價值取向談中國國民性〉，第六章〈價值與國民性〉。這些論文都曾經先後在專書或學術刊物上發表過，〈中國人的價值觀〉發表於《中華民國社會發展史》(1985)，〈中國傳統價值的穩定與變遷〉發表於《中央研究院民族學研究所集刊》33 期 (1972)，〈現代化過程中的價值變遷〉發表於《思與言》12 卷 5 期 (1975)，〈地區間的價值差異〉發表於《陶希聖先生八秩榮慶論文集》(1979)，〈從價值取向談中國國民性〉發表於《中國人的性格》(1972)，〈價值與國民性〉發表於《思與言》9 卷 6 期 (1972)。很感謝這些園地當初給我發表的機會，否則就無法結集成本書。這些論文雖然有的已經發表很久了，這次再讀，似乎仍有它的時代意義。每篇論文雖沒有增加新的資料，但均酌加修訂。

最後感謝三民書局董事長劉振強先生給予出版的機會。

文　崇　一

1989年7月於南港中研院民族所

參　考　書　目

文崇一

　　民57　〈現代化與價值觀念的轉變〉，《思與言》6(2)。

徐道鄰譯

　　民46　〈人類價值種種〉(C. Morris 原著)，《現代學術季刊》。

楊國樞

　　民77　《中國人的蛻變》。臺北：桂冠。

Bengtson, V. L. & C. Lovejoy

　　1973　Values, Personality, and Social Structure: an Inter-
　　　　　generational Analysis, *American Behavioral Scientist*.
　　　　　16(6): 880-912.

Hutcheon, P. D.

　　1972　Value Theory: Towards Conceptual Clarification, *The
　　　　　British Journal of Sociology* 23(2): 172-87.

Kluckhohn, C.

　　1962　Values and Value Orientations in the Theory of Action:
　　　　　an Exploration in Definition and Classification, in T.
　　　　　Parsons and E. Shils, eds., *Toward a General Theory of
　　　　　Action*. N. Y.: Harper & Row.

Kunkel, J. H.

　　1965　Values and Behavior in Economic Development, *Economic Development and Cultural Change* 13(3): 257-77.

Parsons, T.

　　1966　*The Social System.* N. Y.: Free Press.

Weber, M.

　　1958　*The Protestant Ethic and the Spirit of Capitalism* (tr. by T. Parsons). N. Y.: Charles Scribner's Sons.

中國人的價值觀　目次

序　言

中國人的價值觀

中國傳統價值的穩定與變遷

現代化過程中的價值變遷*：臺北三個社區的比較研究

地區間的價值差異：四個社區的比較分析

從價值取向談中國國民性

價值與國民性

表　目　次

圖 目 次

中國人的價值觀

　　價值觀是什麼？就是一個社會或一羣人用以衡量事物和行爲的標準，例如，我們說，花是美麗的，孝順是值得稱讚的，竊盜是可恥的，這些觀念都表現了對行爲或事物的判斷。可見價值觀會影響人的行爲，有時甚至決定人的行爲。這就是說，有什麼樣的價值觀，便可能產生什麼樣的行動。例如，有孝思的人便會產生孝行，雖然有時候並不完全如此，想法與行動也許不完全一致，但就整個中國社會來看，普遍性的傾向還是相當高。

　　假如我們要問，影響中國人價值觀最深的是什麼？毫無疑問，答案定然是儒家思想；再加上一點道家和佛家的觀念。不論是士紳階層，還是農工商階層，儒家的價值觀都是主流，例如強調道德、功名、家族之類。如果願意的話，把《論語》、《孟子》、《孝經》、《禮記》打開來，試着讀下去，那裏不知有多少篇幅在討論價值觀念，有的是屬於社會的，有的是屬於政治的，有的是屬於道德的……等等。盡在教人採取某些好的或正確的價值觀，而避免另一些壞的或不正確的價值觀。子曰：「富與貴是人之所欲也，不以其道得之，不處也；貧與賤是人之所惡也，不以其道得之，不去也」《論語·里仁》。這就是我們社會上教人，富貴是人人所企求的，但也要能安於貧賤，像古時候顏子那樣，居陋巷之中，不改其樂。很明顯的，從這

條歷史的線索就可以發現，價值觀念對行為所產生的影響。

一 價值及其類型

價值是一種抽象的概念，一些研究價值的學者，往往有不同的看法，舉幾個重要的例子如下：

(1) 克羅孔 (Kluckhohn) 說：價值是一種文化的產物，可以從行動的目的，行為的方式，以及欲望等加以了解 (1962: 395)；

(2) 胡斯 (Firth) 說：價值可以幫助我們了解行動的意義，價值有時也領導行為 (1953: 147; 1963: 43)；

(3) 派深思 (Parsons) 說：無論價值是代表某一特定的目的或行動的方向，它總是人類文化體系及人格體系中重要的一部分 (1963: 172; 1966: 6)；

(4) 賴奈 (Rescher) 說：價值代表理性行動的標幟 (1969: 8)；

(5) 福士脫 (Foster) 說：價值體系對文化有一種穩定的作用，可以保證我們的行動和思想為合理，以及行為為社會所允許，它對於維護社會擔任了一個重要的角色 (1962)；

(6) 卡丁諾 (Kardiner) 說：價值體系不只是意識的，也充滿於一個文化中的每一種行動和關係中 (1959: 237)；

(7) 克羅孔 (Kluckhohn) 又說：就影響行為來說，價值取向可以界定為自然的、人在自然中的、人際關係的、和可欲的與非可欲的普遍性與組織性概念，當它們涉及人與環境和人類相互間種種關係時 (1962: 411)；

(8) 克羅孔與史特洛貝克 (Kluckhohn and Strodtbeck) 說：價值取向可以界定為，影響人類行為深遠而廣大的，有關人類基本問

題的，普遍性與組織性原則（1961: 341）。

總括上述八種說法，可以分成三類：(1) 至 (4) 泛論價值，把價值當作一種可以影響行為的指標；(5) 至 (6) 討論價值體系，把價值體系當作一種有機的連繫，體系間存在着某種程度的相關性；(7) 至 (8) 討論價值取向，是就影響行為層面，以探討價值在人際間及人與環境間，一些普遍性原則。當我們要研究價值問題時，實際就面臨這許多選擇。本文祇想就中國人的價值觀，也就是一般所說的價值觀念或價值標準，作一些陳述和分析，可以說只是一種廣泛的說法，有時候也許會牽涉到價值體系或價值取向，這種情形頗有點像杜波亞（Du Bois）的意見，她說：「任何文化的價值前提，被認為與一些假設相關：人對於宇宙的認知，人與宇宙的關係，以及人與人間的關係。」（1967: 225）所以，在討論我們的價值觀時，必然要涉及行為、規範、羣體、環境，以及其他許多相關的事物，因為價值不是孤立的。價值觀不但對行為產生導向作用，也使彼此的行為可以了解。

有了這些觀念，還是不能立刻討論價值問題，因為它牽涉的面很廣，關係很複雜，真是不知從何談起。一般都不得不做一點分類的假設，也即是，為了討論的方便起見，把價值觀分為若干類，然後依類討論。

最早，皮瑞（Perry）❶ 把價值分為六類，即認知的、道德的、經濟的、政治的、審美的和宗教的。這個分類法曾為許多人修改後加以

---

❶ Perry (1926: 694) 對於價值有三種分類法，第一種是哲學式的：真，美，善。第二種心理學式的：肯定——否定，獨立——依賴，服從——攻擊，個人——社會……。第三種為歷史式的，即此處所引用：認知的 (cognitive)、道德的 (moral)、經濟的 (economic)、政治的 (political)、審美的 (aesthetic)、宗教的 (religious)。

採用，如史皮林葛 (Spranger)❷ 去認知的和道德的，而增加理論的 (theoretical) 和社會的 (social) 兩類； 胡斯 (Firth) (1963: 43) 僅接受經濟、道德、審美，而另增工藝的 (technological)、儀式的 (ritual) 和社團的 (associational) 三類；賴奈 (Rescher) (1969:16) 除採用經濟、道德、社會、政治、審美、宗教 (精神) 六類，新增物質的 (material and physical)、知識的 (intellectual)、專業的 (professional)、情緒的 (sentimental) 四類， 共十類。可見，即使在同一方向來討論分類問題，意見還是不一致，何況還有許多不同的分類方向？ 例如，有人把價值分爲工具性的和目的性的 (Rescher 1969: 18–19)； 有人把價值取向分爲認知的、評價的和道德的❸；但另有些人則從人與自然等關係去着眼❹。

我在〈中國傳統價值的穩定與變遷〉一章中，採用了類似於皮瑞的辦法，但依據我國文化的實際情況，作了一些調整，把中國人的價值觀分爲七類，即認知、經濟、政治、社會、宗教、道德、成就。不過，當我從事臺灣北部社會價值研究時，因便於測量的關係，又把價值量表調整爲六種，即宗教、家庭、經濟、成就、政治、道德。實際變動不大。本文爲分析中國人的價值觀，着重於歷史及現實兩個層面，故在分類上稍有調整，以符合需要。

首先， 我們要了解，價值觀是文化環境下的產物， 但是， 反過來，價值也會形成一種文化類型，其間關係，常不易釐清。就如價值

---

❷ Spranger (1928) 的分類方式，李美枝、楊國樞曾用以測量〈中國大學生的價值觀〉，李亦園、楊國樞 (民 61: 313–28)。

❸ Parsons and Shils (1962: 166). 我在〈從價值取向談中國國民性〉一章中，採用這種分類法討論國民性格問題。

❹ Kluckhohn and Strodtbeck (1961: 10–20) 把價值取向分爲五大類: 人性，人與自然，時間，活動，關係。

觀和國民性或民族性間的關係一樣，有時候不是很清楚，究竟是價值觀影響國民性格，還是國民性格影響價值觀？例如「權威、保守、忍耐、順從、依賴等，這些特徵很明顯的與某些價值取向有密切關係，比如過份重視家族所造成的族長權和父權，長期的君主獨裁所造成的絕對君權，對於權威性格的形成都發揮了很大的影響力；過份的重視農業經濟與嚴格的道德上的要求，特別是忠與孝，自然使人變得保守、忍耐；而在重農與家族主義的雙重壓力之下，則使人養成一種依賴的性格；權威與道德教條，使人只好順從既存的社會規範。當然，反過來，這些性格也會加強價值標準的確定。很明顯，這些例子可以說明價值與國民性間的互動關係是存在的」（見後）。我引了這一長段話，主要在說明，價值觀、國民性、文化環境和歷史傳統間存在着不可分割的關係。依照這種相互關係，假定文化環境和歷史傳統是兩個獨立的、發生影響的因素，塑造了國民性和價值觀，而後二者又可能互為影響，在不考慮時間因素的情況下，它們間的影響關係如圖1，如果把時間因素加進去，則它們就可能互為影響，形成一種四角關係，如圖2。

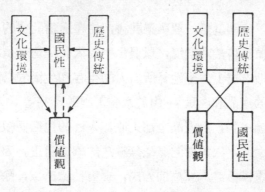

圖 1　價值觀互動關係㈠　　圖 2　價值觀互動關係㈡

在長時間的演變中，彼此的影響關係就不易分別，例如，歷史傳統也是人的思想和行為塑造而成，文化又何嘗不是如此。不過，就某一特定時間而論，我們可以假定價值觀同時受到文化、歷史、國民性格等因素的影響，以便於討論問題。

二　中國人的價值觀

基於前述各種討論，我們把文化環境和歷史傳統當作影響的變數，或者說，在我國文化和歷史傳統下，來看看中國人的價值觀究竟有些什麼內涵。我們將前述的七類價值綜合為三大類，三類的好處是，可以把一些互相牽連較多的價值觀同時討論，以免重複；同時，這樣也可能較為通俗，而易為一般人所接受。三類價值觀為：對自然與人生的價值觀，對社會與人羣的價值觀，對倫理與宗教的價值觀。以下各節，即分別就各類價值觀加以分析，並就各類價值觀在工業化後的可能發展，予以適當的預估。

(一) 對自然與人生的價值觀

幾千年來，我國就是一個農業社會，住在這種社會的人，不但安土重遷，而且順應自然和環境，以農為生的人，一切都依靠土地，俗話說：「有土斯有財」。土地是所有人的生存和生活的必要條件；而土地上農作物的產品和產量，由於水利工程的不完善，都是靠天幫忙。一場乾旱或水災，農產品全部失收，人民的生活便頓失所依。這種衝擊是相當大的，人民對它又毫無辦法防禦或阻止，因而養成一種對天或宇宙的畏懼感。天要懲罰人民，那有什麼辦法，除了「聽天由命」？中國人對天產生一種屈服感，可能還有許多別的原因，例如，

皇帝自稱爲天子，作爲壓制人民的手段，使人民不敢反抗其統治權；但許多因「天」而發生的自然現象，在當時的農業社會，旣不了解，又無法控制，確也只有順從和敬畏，所謂「畏天命」，就是這個道理。

在早期，雖然有道家、法家等派並不把「天」當作一種人格神，但後期的道教和佛教卻加強了對天與神的崇拜。因而，長久以來，中國人，無論是知識階層或非知識階層，都把「天老爺」視作權威的象徵，這種情形至少有兩千多年，如果從西周算起，就三千多年了。

這種順從宇宙和自然的態度，從好的一方面來說，人可以因環境的改變而調整行爲，讓行爲去遷就環境，任何天災人禍，都只是暫時的挫折，而不失去重建的信心。壞的一方面是，養成肯從權威，依賴認命的苟安觀念，對於未來的創造性活動，有阻礙作用。這種適應性反映在行爲上，優點是，在歷史與文化正常發展的情況下，如漢、唐盛世，人羣可以擴建事業，創造新的文化活動，對於後世的發展，有無限幫助，這就是漢、唐在我國某些文化上的傑出表現；缺點是，在歷史的挫折時期，如五胡亂華、元清的異族統治，人羣大多默默的順從，謙恭的忍耐，似乎任何類型的權威，一旦建立，人民就無條件的接受。

從自然界所代表的天道，人類世界所存在的人道來看，顯然是以人道去順應天道，而把天與人劃分爲兩個共存的世界，所謂「天人合一」，實際就是企圖從天象以反映人事，了解人事，或是，以人意去順應天意，中國歷史上的草莽英雄，打着「替天行道」的牌子，又何嘗不是這個意思？這種表現於對天和人的二分觀念，在我國古代的封建制度中也可以找到根據。在封建社會中，貴族是屬於統治的一羣，平民是屬於被統治的一羣，整個社會就只有這兩羣人。後來，這種極

端的封建制度，即階級的對立遭到破壞，卻又形成了性質不同的兩羣人，一羣是士紳階級，包括政府官吏和讀書人；一羣是平民階級，包括農工商各種人。這兩類人各自生活在自身的世界裏，相安無事。兩個階級的人流動雖不是很頻繁，但上下流動是存在的；也因此，這兩個階級在中國社會維持了兩千多年而不衰。

在許多事物的判斷和標準上，士紳階級有時候也不同於一般人，雖然文化發展的主要方向並沒有什麼差異。例如，中國人都崇拜天地山川之神、崇拜祖先、重視家族、強調道德習慣、尊敬讀書人等等；可是，只有士紳階級的人才討論宇宙觀、治國平天下的道理，一般人忙於生活，沒有能力，也沒有時間去過問這類問題。通常是，士紳階級塑造一些類型觀念和權威體系，如宗法制度、官僚組織、考試制度、賦稅制度等；一般人便在這種組織和體系下生活，很少反抗，甚至連疑問也沒有。所以，在智力活動方面，一般平民沒有屬於自己的理論體系，只是承襲士紳階級的行動，在家族關係和活動上加以整合。對外在世界，他們總是覺得難以控制，不能信任，因而，一方面相信命運，如「運去金成鐵，時來鐵似金」；「黃河尚有澄清日，豈可人無得運時？」另方面又不相信別人，如「相識滿天下，知心有幾人」；「知事少時煩惱少，識人多處是非多。」這就是農工階級的處世哲學，也是他們對世界僅有的認識基礎。在生活上不要吃虧，在人際關係上保持距離，在人生觀上信任天的安排，「萬事命已定，浮生空自忙」❺。看來，其間的差距還真是不小，當知識份子窮畢生之力去獵取功名時，一般人卻把前途交給神去安排。

就士紳階級而論，也不是一直就如此，變化還是相當多，甚至也

---

❺ 所引幾則「諺語」，均來自《增廣賢文》。該書據說集成於明代，但民間流行可能更早，爲當時農村啓蒙讀物之一。

相當大。周及周以前爲貴族、平民對立的社會，貴族掌握一切權力資源，財產、政治、知識、宗教、巫術都在他們手裏，眞是爲所欲爲，這時他們所畏懼的只有天。例如《尙書·湯誓》說：「有夏多罪，天命殛之」；〈微子〉：「天毒降災荒殷邦」；《詩·板》：「敬天之怒，無敢戲豫」。到了春秋戰國時代，由於知識的開放，土地自由買賣，布衣可爲卿相，使原來貴族階級所握有的珍貴資源，幾乎全部開放。這時儒、墨、道、法諸家，又競相傳授，一時蔚爲奇觀，每個人都可以自由地去選擇他所相信的天道觀或人生觀。例如，相信老子的小國寡民，絕仁棄聖；相信孟子的民貴君輕，仁民愛物；相信荀子的天道自然；相信墨子的兼愛，都可以。西漢武帝以後就沒有這樣自由了，儒家獨霸的局面正在形成，士紳階級也逐漸擴展，於是，儒家的天命觀和人生觀就變成了中國人的普遍觀念了。終於到了東漢，演變成一個迷信符瑞的社會，是可以理解的事。晉代的士紳階級，可以說政治上是儒家，思想上是道家加上佛家。但是，唐以後的古文運動，又使中國人的思想方式，投入了儒家的大傳統，一直延續到清末。說實在的，兩千多年來的中國人，幾乎沒有脫離過儒家的思考線索，無論是士紳階級，或農工商階級，多半是在敬天、尊祖、安份、知命的價值觀下求生存、討生活，其間少許差異，只在於認知的程度和行爲方式而已。

在這種文化環境中成長的人，由於比較保守和安份，成就動機的主要目標，必然在於爭取原有資源，而不是大量創造新資源。漢以後，我國社會所能提供的有限資源，大抵不外三種：一種是農業資源，主要爲土地；一種是商業資源，主要爲經貿易行爲而獲得的財產；一種爲知識資源，主要爲經由選舉或考試而進入士途，乃至仕途。商業資源的發展潛力相當大，很有可能帶動工業發展，使社會上的大部分人

力投入於此。可惜的是，漢以後採取了嚴格的重農輕商政策，商業資本雖仍然相當活躍，且相當程度地支配了社會經濟的活動，卻得不到合法和合理的承認，因而使全國人的成就目標，均集中於「功名」和「土地」，即使是剩餘的商業資本，也莫不轉投資於土地。

這時候，社會的成就價值觀主要只有兩途：一是努力讀書以爭取「功名」，所謂「十年寒窗無人問，一舉成名天下知。」就是這個意思。功名有兩種含意，其一是在選舉或考試上獲得名次，其二是進一步獲得一官半職。二是努力工作以累積財富，購買土地，成爲「地主」。地主在中國社會的潛在力量非常大，爲將來獵取功名的主要橋樑，所謂耕讀之家，實際是通過這樣的方式而構成。通常的過程是這樣的：一個農人努力工作，盼望變成地主；地主送子弟讀書，獲取功名，成爲士紳階級中的一員；然後打入統治官僚集團，回頭來統治農民。總之，表現成就的三個最大目標是：仕，士，和地主。仕是知識份子的成就價值，地主是農民和商人的成就價值。士紳階級也曾提出立德、立功、立言成就價值的理想類型，即太上立德，其次立功，再其次立言。但這只是觀念或態度的層次，在行爲層次上，立功才是最重要的事，唯有能立功，才有機會進入中央統治階級，獲得更令人滿足的功名。

人生也許不只是爲了做一個地主，獲取一點功名，還有許多別的事可以做，例如，做一個稱職的農夫或商人、一名有德行的孝子、一個爲人讚揚的族長等等，但是，這不是重要的成就目標，而且，這些成就對於實際生活，並沒有太多的幫助。傳統中國人的世俗成就價值觀，還是集中在下列這些目標上：最大的成就當然是做皇帝，但這不是人人敢想望的，除非有許多強烈的理由支持出來打天下；其次是當中央政府的官吏，擁有較大的決策權者；再次是地方官吏，也足以稱

霸一方；又次是成爲士紳中的一員，地位越高越好；最後是做地主，地主在政治上沒有任何影響力，但在鄉村裏有很大的發言權，並且上升的機會特別多，這就是爲什麼地主在傳統社會中扮演了重要的角色。其實，皇帝是最大的地主，官吏和士紳也多半是地主❻。

　　到了近代，受到西方文化的影響，特別是幾次巨大的運動，如代表技術變革的洋務運動、制度改革的維新運動、思想改變的五四運動，幾乎使所有的中國人對於宇宙、自然、人生的價值觀，都產生了或多或少的衝擊。中華民國革命成功以後，採取一系列強烈的改革措施，人民的價值觀念改變就更大、更多了。近三十多年來臺灣的工業化結果，不僅城市居民逐漸多於鄉村，而且工、商業已成爲國家的主要生產結構。這一改變，使我國幾千年的農業社會邁向工商業社會的領域，對於傳統的宇宙觀和人生觀，自然不得不作大幅度的調整。我們可以三件事爲例加以說明。第一，中國人在「功名利祿」的觀念影響之下，一向不重視科學與技術，現在卻在尋求各種各樣的辦法以發展科技，向之「雕蟲小技」，居然被視爲民生大事了，這一轉變不可謂不大；第二，由於科技與西方文化的影響，中國人也開始謀求改善環境，創造機會，不再一味順應自然，靠天吃飯，聽命運擺布了；第三，自由、平等、民主諸觀念，使國人不再完全依賴過去，迷信權威，而要求表達自己的意見，參與自己有興趣的活動，以及自主的改變生活方式等。

　　無論是傳統還是現代社會，成就總是人生的一大要求。我國傳統社會的人，集中其成就目標於功名和地主，現代的工業社會就不一樣了，雖然還有不少人在擠升官、留學的窄門，卻有更多的人在謀求董

---

❻　蒲劼（民 38：76-86）認爲當時的人，一切都寄託在土地上；周谷城（民 19：135-9）認爲皇帝、宗室、大官僚、富人都是當時的地主。

事長、總經理、工程師、大學教授、科學家、新聞記者、律師之類的
職位，這種轉變自然是工商業社會中，職業分化所帶來分工的結果，
但的確緩和了當年在功名和地主身份上競爭的衝突。以民國六十八年
所做的一項職業聲望調查爲例❼，雖然官吏、民意代表、高級專業人
員佔前十五名的主要部分，但科技人員的聲望等級也相當的提高了，
如飛機駕駛員佔第十七名，消防隊員佔第二十名，作家、省議員卻只
分佔第二十一、二十二名。從各類人員的總分來說，我國政治人員、
專業人員、管理人員、軍警人員、農事人員分佔第一、二、三、四、
五位。這種職業聲望的等級次序，雖可能仍受了些傳統士紳觀念的影
響，改變卻已經很明顯，特別是管理人員聲望的提高。這跟西方社
會的職業結構，已經相當接近了，即我所謂的「平衡型的職業聲望」
類型（同上文：656-7），意思是「行政及管理人員」與「專業技術人
員」的職業聲望等級，有差不多相等的趨勢。這就是說，人生的成就
目標，已相當程度的分散了，有人仍舊在官吏階層中尋求出路，有人
則從醫生、工程師、總經理等另謀發展，可以看得出來，這種職業結
構上的多元化，一方面緩和了傳統社會中職業的高度緊張和衝突，另
方面也替社會發展創造了新的前途。人民可以在新的人生觀中，發現
一些新的和值得試探的事物。所以，在工業社會或目前的臺灣社會，
雖難免也有失業的人，但對於職業或事業的競爭，不像傳統社會那麼
尖銳的集中於幾個點，而是全面性的擴展，以及多樣性的分散。

（二）對社會與人羣的價值觀

「社會」這個名詞所包含的意義可大可小，正如「人羣」一樣。

---

❼ 文崇一、張曉春（民 68：631）。該項調查共抽樣 1534 人（全省），以九
    四種職業聲望作測驗。

在這裏是從較大的含意來討論：凡有關社會上的各種活動、現象、理念等都是考察的對象，可以包括政治、經濟、家族、階層、風俗、藝術等項；人羣可以泛指任何羣體、同鄉、同族、同事、同學等。

　　我們都知道，中國的農村社會結構，有三個極爲重要的特徵，即家族關係、地方關係、親屬關係，簡化一點的說法是血緣關係和地緣關係。當時的生活方式，都是以農產品的自給自足爲原則，不是生產農業商品。市場距離很近，可資交換或買賣的貨品非常有限，農民多半以住所附近爲主要活動地區，即使是小城市的商業活動，也相當類似。除了這種交換關係外，比較多的就是同族、同鄉、姻親、鄰里活動。因而有人說，中國人是一種「同」的社會關係網絡：同姓、同宗、同鄉、同業、同年……。有了同的羣體觀念，自然就會產生非同的羣體，於是形成羣體的二分法，自我取向羣體和他人取向羣體，對內可以說加強了團體內的團結，對外卻產生了排斥作用。五倫是這種結構下的極端形式，許多忠孝仁愛信義和平之類的倫理，就是這樣一波一波的推演開去。可以這樣說，倫理行爲的厚薄，建立在關係的親疏基礎上；親疏又以羣體的遠近爲標準。這種價值觀一直支配了我們許多思想和行動。有人把這種親疏遠近的關係叫做差序格局❽。

　　在這種關係網絡中，個人扮演的特殊角色不是從個人，而是從團體、同族或同鄉的社會價值上表現出來，這種價值也延伸到死和死去的祖先。所以，一個讀書人得了功名，匾額是掛在祠堂裏，回家的第一件事是拜祖先。所謂「光宗耀祖」、「榮歸故里」，都是表現這種集體價值觀上，個人只是在集體中分享自己的成就，而非獨立於集團之外。從人羣的觀念來說，我們可以把這種價值觀叫做「圈圈主義」，

---

❽　費孝通（民 62: 22-30）認爲中國人的關係是一圈一圈的推出去，越近越親，越遠越疏。

即把許多羣體劃成許多個圈，圈內有圈，圈外又有圈，每個圈自成體系，有時候跟圈外也有些溝通。整個社會關係，就像這樣的一圈一圈，有的不相干，有的交叉，有的重疊，人就在這些圈圈中跑來跑去，這也就是我們常說的生活圈子。

有圈子不見得就是壞事，任何一個社會都有圈子，祇是組成的方式不太一樣罷了。例如，農業社會的圈子以血緣、地緣爲多，這是因爲受到地域、交通、職業等的影響；工業社會受到這些限制非常少，生活圈就擴大到以職業、興趣、利益等爲主了。目前臺灣社會就有這種趨勢，除了同業、同學、同事之類的社羣活動外，還有更多的私人性活動，如俱樂部、工商會、學會等，全是以個人利益、興趣爲出發點。政治團體和學術團體更是現代社會的特殊產物，這些圈子使人提升了對自己的評價，生活得更有意義，這也是自由和民主社會的可貴處。

傳統社會的中國人，最早把人分爲兩級，君子和小人，也就是貴族和平民，或者說統治的人和被統治的人。後來發展爲士農工商四個階層，把人分成四類，但這是一種聲望類型，有意的把農工地位提高。假如以事實計算等級的話，排列的順序可能是士商農工。不過，這樣的說法，過於把事實簡化，眞正的分類，也許是下面的情形比較近似：

第一級，皇帝及皇室；

第二級，官吏，包括中央及地方各級官吏；

第三級，紳士，入選而未任官的各種讀書人；

第四級，商人；

第五級，農民及工人，後者以手工業爲主；

第六級，奴隸及無業遊民。

這應該是傳統中國社會實際的階層類型，也代表着人民的上升階梯，農工商是很不容易劃分清楚的，因為當時的農家多半從事一些手工業或小商業活動，僅靠農業收入確實難以維持生計。百分之九十以上的這三類人的努力目標，就是打入士紳階層，所以長久以來，便流行着「萬般皆下品，唯有讀書高」的價值觀。讀書，的確不是件壞事，但因讀書而否定其他行業，就使社會產生危機。這是中國社會二千多年來的大問題，今天我們還受到它的影響。

這種價值觀也影響到中國文學藝術的發展。中國的文學作品，正統的詩、賦、歌、詞，一直是士紳階層（包括官吏和未作官的讀書人）的副產品，所謂「行有餘力，則以學文」，幾乎沒有專業作家。畫也一樣，所以文人畫，實際就是士紳階層的業餘畫。其餘的民歌、民謠、建築、壁畫、漆畫之類，全都是民俗作品，不登「大雅」之堂，那只能算是匠人之作。儘管有幾千年的文化，中國的文學藝術，似乎一直是兩派分立，文人的文學藝術與民間的文學藝術。雖然有時候難免不互為影響，但無論形式或內容，都是兩種不同的風格。也可以說，這是表現兩個階層的文學藝術，屬於不太相同的意識形態和生活方式，也可以說是不太相同的價值觀。

這裏還牽涉到儒家傳統與民間傳統之間的差異問題。一般而言，透過家族體系的媒介，即使是民間，也多少會受到士紳所代表的儒家規範和價值的感染，例如尊祖和祭祖的儀式、宗族組織的規則、親屬關係等等。但是，一般人並沒有那麼多知識、時間、金錢去了解和實踐儒家的理想。事實上，儒家各派本身也爭論不休，一般人實在沒有能力去分辨。以仁、恕為例，就不是農工商階層的人所能深究，甚至也不知如何去接受，他們所能理解的，大約停留在「錢財如糞土，仁義值千金」。「君子安貧，達人知命」。這樣的格言式層面。另一方

面，民間卻接受了相當多的，有關道教和佛教的生活儀式和精神，所謂儒佛道三教的生活方式，民間可能是眞正的實行者。在祭祀祖先時，用的多爲儒家傳統；廟宇爲道教；佛寺爲佛教；疾病死亡的儀式，則佛道兼而有之。到了現代，就更分不清楚了，西方的和東方的混雜在一起，正如人的裝飾品一樣。

經濟是社會活動之一，很可能還是重要的社會活動。幾千年來，中國就是一個農業國家。自從鐵犂牛耕發明以後，耕作面積擴大，單位產量增加，農業的重要性便更爲政府所肯定了。從早期來說，深耕與輪耕已經算是一種很進步的技術，不僅對農民生活的改善有幫助，對政府的財政也有幫助。只是農業是一種固定的生產方式，日子久了，甚至在同一方式下工作了兩三千年，許多問題也就發生了，例如農民變得安土重遷，缺乏成就動機（吳聰賢，民 61: 343），相信命運，行動謹愼而消極等。這些特殊性格，使農業事務不易獲得改進，也使國家的經濟發展受到影響。

傳統中國社會中，除了絕大多數的人爲農業人口外，還有一小部分非農業人口，那就是官吏、士紳、手工業者、城市小商人。這些人雖不從事農業，卻也多半在早期受到農村社會化的影響。可以說仍然是農村裏教養出來的，因爲他們大都來自農村，所以還是具有農民性格，或受到農民性格的影響。其中更小的一部分，即某些有使命感的官吏和紳士，由於這種性格，了解農民的處境和疾苦，在中國歷史上，曾經不止一次的大聲疾呼，爲農民請命，希望用行政命令來保障農民的利益，提高農民的社會地位，用以改善當時「匱乏經濟」的不利狀況。但是，可以說祇成功了一半，即由於中央重農輕商政策的結果，農民的聲望或社會地位的確保住了爲四民之次，士農工商，甚至以「耕讀傳家」爲美德，與四民之首的士並列；不過，實際利益或生活

狀況並未獲得太多改善，乃至根本沒有改善，誠如晁錯說的：「今法律賤商人，商人已富貴矣；尊農夫，農夫已貧賤矣」❾。原因是，當時的統治階級，真正重視的是農業，不是農民（吳聰賢，民 61：336）。

　　在戰國末年，乃至漢初，中國的商業資本已經相當發達，政府也已發展出一套抽稅的方法，商業資本對於政府財政應有不小的支持力量，何以居然接受一些書生的論點，長期凍結大有可為的商業經濟活動，而加強對生產力有限的農民的保護？事實上這種重農政策，不僅對當時政府的財政赤字增加壓力，對商業及手工業有害，對農人同樣沒有好處，因為農人的收入和社會地位，不是一道命令可以解決的。就是其後的兩千年間，農人依然只贏得聲望，沒有增加實際利益。當時儒家強調的重農輕商政策，出發點是善意的，無庸置疑的。在一個農業人口佔百分之九十以上的國家，讓少數商人操縱國家經濟，享受最好的生活，自然值得提出警告，和改變經濟策略。可是，不能止於此，必須能運用好的政策，以增加農民的收入，否則就流為口號。不幸的是，歷來的重農輕商，幾乎均止於口號。農民在地主和政府的重稅壓力下，一直是過着非常貧困的生活，物質生活貧困，精神生活也貧困。經過多年貧困生活的磨練，慢慢就養成中國人後來所謂安貧、知足、認命的經濟價值觀。不這樣又能做什麼？何況還有數不盡的天災、兵禍？因而農村裏流行着一些諺語，如「命裏有時終須有，命裏無時莫強求」，「貧窮自在，富貴多憂」，「君子安貧，達人知命」。如果說，教養或社會化能影響人的觀念或性格，那麼，在這樣的農村環境中所培養出來的人，對於經濟事務，自然會顯得消極。所謂富貴多憂，十足表現無法獲得足夠財富後的退縮心理，完全是自我安慰。

---

❾　《漢書 24 上食貨志》：1133 引晁錯語。

　　商業經濟既得不到合法和合理的地位，土地就成爲全國人民注意的焦點，多餘的商業資本、官僚資本、農業資本沒有任何出路，都轉投資於土地，土地成爲衡量財富的唯一標準，國家和私人的財富都用土地來衡量。它的最重要的意義，還不在於土地的價值，而在於迫使整個社會都成爲土地的附屬品了。本來，附着於土地的只有農民，重農輕商的結果，所有的人均附着於土地了。因而，在中國歷史上，農村經濟破產的話，無異整個社會國家的經濟都破產了。這就是爲什麼，歷史上的主要改革運動，都必須強調土地的再分配。土地對於中國人的確太重要了，有句俗話說：「有土斯有財」，正是這一經濟價值觀的寫照。

　　不重視商業的結果，手工業也連帶遭到厄運。第一，手工業的發展，必須以市場價格爲基礎，這種基礎又建立在商業的交換行爲上，如果商業不發達，手工業品就無法流通，失去交換價值；第二，所有資金幾乎都集中於購買土地，手工業就沒人願意投資，技術也就無法改進。還有一個重要的原因是，重視讀書和功名的結果，把一切技術上的改良和發明都看作「雕蟲小技」，不值得去做，自然就沒人去做。這種看不起技術的態度，對中國的技術或經濟發展，甚至文化發展，產生了極大的阻礙力量。在早期，中國人發明了許多史無前例的技術，可能高於或至少不下於其他任何文化，而對世界文化的貢獻相當大，例如我們經常提到的，火藥、指南針、活字印刷、絲織品、磁器、官僚制度等。可是均止於發明，沒有進一步的發展，乃至跟不上世界潮流，火藥淪爲爆竹，指南針淪爲風水羅盤，更無論火箭、輪轉印刷機了。假定我國在孔子時代（西元前 551-479）開始使用鐵犁牛耕，則這一技術到今天已經二千五百多年了。二千五百年來始終沒有多大改變，這也可見我們的耐性和惰性。好在近幾十年中，我們接受

了西方的耕作技術，牛終於要逐漸遠離我們的耕地。還有很多其他的技術，都是如此，例如，利用風力、水力，觀察天象、地震，起步均很早，卻都在中途停頓了。這是爲什麼呢？現在來檢討，很顯然受了兩種價值觀的影響：一種是重農輕商，使工業技術得不到合理發展的條件；一種是重視功名，使所有的聰明才智都投入了土途和仕途，無人願意研究技術，即使偶有發明，也是淺嘗卽止，得不到應有的鼓勵。我們常說，儒家思想有它好的一面，但像這兩種，就工業技術而論，實在是產生了不好的影響。

當春秋戰國時代，中國就已經有高度的城市文化，高度的技術基礎，高度的學術成就，高度的生活水準，龐大的生產，和廣大的市場，然而，卻一直不知善加利用和發展，只曉得死守土地，什麼都打土地的主意，到最後靠土地也不管用了，幡然醒悟，已經是民窮財盡，無濟於事了，這就是清末的「洋務運動」。以後又喊了多少年的科學和民主，仍然沒有什麼結果，可見在受了幾千年輕視之後的科技，不是幾句口號或幾個簡單的政策，就可以起死回生。一直到近三十年來，臺灣的工業化運動，才眞正使中國人的技術價值觀獲得提升，使經濟基礎擺脫了土地的約束，進入發展工業的領域。最重要的是，技術人員獲得了應有的鼓勵和社會地位，職業的多樣性獲得了社會的承認，貿易和工業才是主要的財富，土地不過是財富的一部分而已。百分之七十以上的人住在都市化地區，經商、做工、種田、做公務員或教員，各種各樣的人，住在不同的地區，想法卻不再那麼兩極的分化，也不那麼聽天、由命、安貧、知足了，而變得十分積極、進取。看起來，早期儒家思想所產生的不良影響，這些年已經不見了，旣不重農，也不輕視技術；倒是有點反過來的樣子，重商而又強調科學與技術的發展。很明顯的，這種轉變對我們的社會甚爲有利，不但國家富

有，人民所得增加，日子過得更舒服了，而且塑造了一種新的工業行為模式和價值觀。如果成功的話，這種經濟的價值觀正是目前工業世界所需要的，那就是在競爭的前提下，建立一個和諧而進取的工業社會。

社會價值觀的另一重要層面是政治價值。在傳統社會，中國人普遍參與政治活動的機會雖然很少，但對政治的興趣卻很大，主要原因就是，在那種形態的社會，政治對人民具有保護作用，一旦獲得一官半職，不但個人功成名就，而且家庭、族人、鄉里都有許多方便之處。所以讀書人不得不設法在「功名」的路上爬升，自己不想做，也會被關係人強迫去做。就像現在的學生往外國留學一樣，家庭可能比當事人還着急。真是所謂名利之所趨。

一般人所意識到的政治，不是政治體系中的官僚組織，或運作過程，而是在政治職位上，個人和團體可能得到的社會地位、經濟利益、控制權、免於壓迫等。從這個角度來說，中國人對官員的權力倒是看得很清楚；也可以說，他們是從權力的大小，即權力分配來衡量政治問題，雖然對這個概念可能並不十分了解。在最早的時候，春秋以前的貴族政治，平民原無政治權力可言，只是一羣被治的人。從春秋戰國開始，宗法制度遭到破壞，農民子弟漸漸掙脫原有的束縛，加入政治活動，產生了「布衣為卿相」的局面，情況才稍有轉變。秦漢以後，建立了非常可行的傳統官僚制度，平民的加入官僚組織，才被正式認可，並且穩定下來。這是中國人政治價值觀上的一大突破，階層間的封閉狀況，因而得以改善。使許多人都有機會，進入統治階級，或從統治階級被迫退出，增加了上下階級間的對流。

從階級的上升而論，正常的途徑大抵必須遵循下述幾個步驟：

第一，無論從事農工商那一種職業，最好先成為地主中的一員，

地主在社會上具有較高的社會地位，容易爲鄰里和政府接受。這是上升的重要點，如果是農人，就必須努力工作，使自己有機會累積資金，購買土地，成爲地主；如果是工商人士，也必須設法使自己成爲亦商（或工）亦地主。在當時，地主可以說是通往上層社會的橋樑。

第二，培養子弟讀書，使經由選舉或考試，成爲士紳階級中的一員。這條路也是很辛苦的，古人說：「十年寒窗，鐵硯磨穿」，實在是讀書人寂寞、艱難的寫照。他們的目的，當然是因爲「書中自有千鍾粟」。從士紳階級，再尋求飛黃騰達的機會。

第三，學而優則仕，是讀書人的最大希望。仕的身份有好幾種，最起碼的是地方官吏，高等的是中央官吏，甚至位居宰輔，那就是號令天下了。到了這個地步，可以說是讀書人的至大成就，沒有更好的指望了。再好，就是做皇帝，而讀書人不會有這種念頭，所謂秀才造反，三年不成。誰曾見過，中國的開國君主是讀書人？

這是農工階級上升的典型模式，每一步都成功的話，最後必然可以分到一點決策權或指揮權。這種權力可以把自己穩定在統治階級，同時又可以保護和提拔許多關係人，最主要的是家人和姻親。眞是「一人得道，雞犬升天」。這就是爲什麼傳統社會強調「世上萬般皆下品，思量唯有讀書高」。這種政治價值觀顯然不是爲了政治事務，或服務社會，而是官吏權力的特殊作用，一方面賺名，一方面賺利，而至名利雙收。可是「家無讀書子，官從何處來」？讀書人能不努力去謀求顯赫的功名嗎？

要進到權力階層，還有些非正常的途徑，例如，一位目不識丁的將軍，有了戰功，可能出任中央或地方重要官吏，得掌行政大權；皇親國戚，因裙帶關係，獲得重要官吏職位，從被統治者一躍而爲統治者；繼承父、祖的職位；用錢購買官爵，雖不一定能獲得實職實權，

但也不是完全沒有機會。這幾種方式，都是經常存在的，有不少人從這些途徑上獲取功名，掌握國家大權。還有一種偶爾發生的事，就是打天下，或曰造反。造反，含有幾分冒險性，造反不成，就要殺頭。中國歷史常常提到的平寇或敉平叛亂，就是把想打天下的人打倒了。「勝者爲王，敗者爲寇」，爲中國歷史發展原則之一。這樣，就很容易了解，每個朝代的天下都是打出來的。秦始皇、漢高祖、曹魏、李唐、趙匡胤、朱元璋，幾乎沒有例外，用武力獲得統治權。這種事多半屬於野心較大的人去做，一般人不願冒殺頭的危險，去嘗試取得權力。它的後遺症是，讓中國人覺得，似乎只有武力才能治國平天下，這實在不是儒家倫理。儒家政治雖然強調權威、治人一類的觀念，卻也把道德列爲優先，孔子的爲政以德，孟子的仁政，甚至荀子的禮法思想，均相當程度的主張用道德價值和道德規範，作爲「治」國的手段，或實踐決策權的工具，而不是動輒打打殺殺，以奪取政權爲目標。

這也就牽涉到政治價值的另一個層面，即一般不圖士進或仕進者的政治態度。中國的君主專制，從西周到清末，已經有二千多年的歷史，經過這樣漫長的歲月，不要說統治階級，就是被統治階級也認爲是合理而自然的管理方式。傳統中國社會中的人能夠想到的是，「眞命天子」，碰上個好皇帝，讓老百姓減稅、輕勞役，就是天大的恩惠了。至於用什麼方式統治，人民與政府間的權利義務關係，通常都不過問，也不知道如何去過問。人民的想法是，「天高皇帝遠」，怎麼去溝通呢？眞是鞭長莫及。在平常的日子裏，老百姓要見縣太爺一面都辦不到，何況皇帝？這就無怪乎一般人對政治冷漠。政府既不主動爭取人民的認同，遇有危機，人民又如何爲政府出力？所以，在老百姓看來，除了本地或本族的紳士和官吏，對於一般官員差不多都存有

幾份厭惡感，就如俗話說的：「爲人不做官，做官皆一般」。這個意思是，不管是誰，一旦成爲官吏，就會有官架子，打官腔，不把老百姓看在眼裏。就是清官，也不過是不貪污而已。這與儒家倫理，的確相去甚遠，然而，我們的傳統政治，無論是制度、價值、或行動，一直就停留在這個層面。多少次改朝換代，眞正面臨危機的，似乎只有皇室和一部份官吏，老百姓不過換了個不同姓氏的老闆而已。有些人就懷疑，是不是因此造成了兩次外族的順利統治中國？看來至少有一部份是事實，因爲當時各地老百姓並沒有羣起反抗。但到後期，老百姓體驗到異族的壓迫，情況就不同了，不但反抗，而且反抗得非常激烈，終於推翻了異族政權。可見，卽使老百姓不熱衷於權力，仍然可能對權力構成威脅。

　　到了近代，世界性的民主運動，也改變了中國知識分子的政治價值觀或政治主張。最早有清末的立憲運動，企圖把中國變成一個君主立憲國家，但是清的統治階級不肯接受，失敗了。接着就有一連串的革命運動，辛亥革命成功，建立亞洲第一個民主共和國——中華民國。於是又有五四時代的科學與民主；臺灣時代的政治改革。一次又一次，使中國的政治結構，逐漸邁向民主之途。民主是一種政治價值觀，也是一個政治行動的目標。假如把價值當作態度的話，則我們在實踐的過程中，就必須使全國人民了解民主，贊成民主，進而實行民主。可是，到現階段爲止，我們還有不少人並不眞的認識民主，這可能是實行民主政治的一大障礙，我們盼望能儘快的排除障礙，以建立一個堅強的民主國家，這對於將來統一大陸是有利的號召。

　　從社會價值觀的角度而論，無論是社會的、經濟的、或政治的價值，都是從傳統延續到現代，有它未改變的一面，也有它已經或正在改變的一面。這是任何社會都免不了的現象，有些價值和規範，想改

也改不了；另有些，卻不改不行。最主要的是把握目前發展的情勢。

（三）對倫理與宗教的價值觀

中國人強調道德價值，可以說是由來有自。戰國時候，有許多人反對這種作風，可是，漢武帝以後，它的權威地位，便再也沒有動搖過。這就是我們一向所說的儒家倫理。儒家倫理幾乎一開始就包羅萬象，把所有主要的道德價值都提出來了，這就是《論語》所強調的仁、忠、恕、孝、禮、信、知、勇……等。但對孔子來說，仁和忠恕，是最主要的了。第一，在《論語》一書裏，討論得最多的是仁，孔子曾經用兩段話形容「仁」的重要性，一在〈里仁〉，「君子無終食之間違仁，造次必於是，顛沛必於是」；一在〈憲問〉，「君子而不仁者有矣，未有小人而仁者也」。君子是指當時的貴族或統治階級，小人是指平民或被統治階級，這是為大家所承認的社會階級。孔子認為，凡是君子，就必須懂得仁，堅持仁，所以他對於仁談得特別多。第二，忠恕是做人的基本原則。有一天，孔子見了曾參。子曰：「參乎，吾道一以貫之」。曾子曰：「唯」。子出，門人問曰：「何謂也」？曾子曰：「夫子之道，忠恕而已矣」〈里仁〉。這雖是依照曾子的解釋，但與事實可能相當接近。所以以忠恕為孔子重要倫理價值之一，當無太大問題。

仁是什麼呢？這是個大問題，歷來的學者，包括孟子在內，曾經提出許多不同的解釋，依照孔子自己的說法，也不太正面提出什麼是仁，不直接下定義，而強調怎麼做就是仁，例如，顏淵問仁，子曰：「克己復禮為仁」〈顏淵〉。子張問仁於孔子，孔子曰：「能行五者於天下，為仁矣」〈陽貨〉。這一類的問答多得不得了，他總是用實踐來替代抽象的描述，不但道德方面，就是問到別的方面，也多半如

此，例如，司馬牛問君子，子曰：「君子不憂不懼」〈顏淵〉。子貢問政，子曰：「足食足兵，民信之矣」。我們可以說，從孔子開始的儒家倫理，不在於唱高調，高喊什麼，而着重於做，用行動表示實踐道德價值的誠意。從這裏也可以看出，儒家注重理性和現實的態度。仁的價值觀就是建立在這種基礎上，以實踐仁爲基本條件。歸納起來，《論語》裏的仁，大概可得下述幾點重要意義：

(1) 節制自己，遵從社會規範。如克己復禮，非禮勿視、勿聽、勿言、勿動。

(2) 處處替別人着想。如己所不欲，勿施於人；己欲立而立人，己欲達而達人。

(3) 用謙和的態度去建立人際關係。如愛人、恭敬、寬大、誠實、敏惠、剛毅等。

(4) 要勇於實踐。如爲仁由己，而由人乎哉？我欲仁斯仁至矣。

現在我們就了解，孔子所謂的仁，其實就是在一個良好的環境或人際關係中，順從習俗，適當的控制自我，設身處地的爲他人着想，以實踐一些人生的理想。這種方式幾乎已經好到不能批評，問題在於，如此美麗的環境到那裏去找？爲了事業，爲了名利，爲了達成目標，人與人之間有衝突，社羣與社羣，國家與國家間也會有衝突，衝突形成之後，怎麼辦？所以，從仁的理想來看，孔子的目標是無可非議的；但從過程的衝突層面來看，可能遭遇的困難會很多，因爲仁的理想行爲類型與現實行爲之間，有着相當大的差距，也不見得有很多人願意殺身成仁，而不求生以害仁。也許就是由於仁的理想陳義過高，一般人都不容易在行動上達到這樣的境界。

依照前面的說法，我們知道，忠與恕也是孔子的重要道德價值。忠恕是什麼呢？《論語》討論到的並不多，大約只有下面幾種：(1)

為人謀而不忠乎〈學而〉；(2) 主忠信，無友不如己者〈學而〉，〈子罕〉；(3) 孝慈則忠〈為政〉；(4) 君使臣以禮，臣事君以忠〈八佾〉；(5) 十室之邑必有忠信〈公冶長〉；(6) 子以四教：文、行、忠、信〈述而〉；(7) 居之無倦，行之以忠〈顏淵〉；(8) 與人忠〈子路〉；(9) 言忠信，行篤敬〈衞靈公〉；(10) 言思忠〈季氏〉；(11) 夫子之道，忠恕而已矣〈里仁〉。十一條有關忠的內容，可別為四類：一類是行動的條件，指對事的誠實、負責；一類是跟信有關聯，忠信連用，指態度上的不欺；一類是有孝的意思；一類與恕有關，通常解釋為推己及人，其實與仁的意義相彷彿。為什麼恕那麼重要，而在《論語》裏只提到一次？是當時門人沒有記下來，還是後來遺失了？或者根本是曾子猜測錯了？因為：第一，所謂吾道一以貫之，孔子當時沒有明說，而由曾子事後解釋，就像禪宗中拈花悟道的故事一樣，實在有點隔膜；第二，即以忠而論，它的內容也遠不及仁那麼多樣、複雜而有體系。《論語》二十章，除四章〈為政〉、〈鄉黨〉、〈先進〉、〈季氏〉外，每章都討論過仁，討論最多的一章為〈里仁〉，共十六次，比全書討論忠的次數還多，全書討論仁共有八十九次，在《論語》裏，恐怕沒有第二個主題受到如此重視。所以，我們可以說，夫子一以貫之的「道」應該是「仁」，而不是「忠恕」。孟子曾經指出，「孔子曰：『道二，仁與不仁而已矣』」〈離婁上〉。可能孟子曾經讀到這樣的《論語》或別的書，無論如何，這證實我們的推論或可成立。

這種價值觀的發展，孔子以後便形成幾種結合方式：

第一種是《中庸》所提出的知、仁、勇三達德的說法，這是把孔子的觀念加以理論化的結果。《論語》從行動方向提出「知者不惑，仁者不憂，勇者不懼」〈子罕〉的說法，後世儒家便把這「三達德」

作爲人的行動標準類型，一個人如果能做到知、仁、勇兼備，就近乎
完人了。

第二種是董仲舒所提出的仁、義、禮、智、信五常，這是從孟子
的仁義禮智演化過來的。孟子所謂「惻隱之心，仁之端也；羞惡之
心，義之端也；辭讓之心，禮之端也；是非之心，智之端也」〈離
婁‧上〉。把四端當作個人行爲的基本條件，董仲舒再加上一個信，
作爲後世儒家行動的另一標準。其實這些全是孔孟之道，後人不過加
以解釋而已。

第三種是一般所謂的四維八德。四維是禮、義、廉、恥，最早爲
管子所提出，後來卻變成儒家道德價值觀之一。八德是忠、孝、仁、
愛、信、義、和、平，把一些分散的各種價值觀，作有系統的排列。
經過宋代理學家的解釋、推論、演化，千餘年來，就成爲我們日常的
價值觀了。就如朱熹說的：「聖人千言萬語，只是教人存天理，滅人
欲」（《朱子語類》卷十二）。這就是我們通常所強調的禮義之邦的價
值取向。

第四種是《孝經》所強調孝的形式和功能，把孝當作一切行爲的
根本，認爲「人之行，莫大於孝」（《孝經‧三才》）。這對後期道德
價值的影響非常大。

這類道德價值觀，不只存在於士紳階層，一般人也有相當程度的
接受，這從一些諺語和啟蒙讀物，也可以看得出強調這些觀念的跡
象，例如《增廣賢文》說：「錢財如糞土，仁義值千金」，「千金萬
典，孝義爲先」；《四言雜字》說：「廉恥禮義，忠信孝弟，此八個
字，人人遵規」；《訓蒙教兒經》說：「全在兒子行孝道，孝子萬古
永傳名」。一方面企圖說明現象是如此，另方面也規勸人應該如此，
出發點是好的，希望把社會人士都教導得規規矩矩。可是，每個人是

否真的都如此做呢？ 當然不會， 所以社會上也流行一些教人小心的
話，例如，《增廣賢文》說：「莫信直中直，須防仁不仁」，「禮義
生於富足，盜賊出於貧窮」；《四言雜字》說：「人心似虎，多有不
仁」。這些都是對仁義道德持保留態度，甚至不相信或不打算去做。
事實也是如此，再有教養的人，有時也不免做出些沒有教養的事。這
就是儒家倫理所強調的， 行為上的相對性 。 原則上， 儒家尊重「君
臣、父子、夫婦、兄弟、朋友」的社會秩序關係，不應踰越；可是，
還是有相對的理性規範，例如，父慈子孝是相對的行為，兄友弟恭是
相對的行為， 「君視其臣如草芥，則臣視其君如寇讎」， 也是相對的
行為。所以孟子說：「聞誅一夫紂矣，未聞弒君也」。原因就在於「君
不君， 則臣不臣；父不父， 則子不子；……」看起來， 孟子是採取了
倫理的相對理性解釋原則。後人死守表面上的說辭，以辭害意，使道
德原則變成難以實行的空洞名詞，反不如孟子那樣開明了。

　　自從受到西方文化衝擊之後，西方人所強調的道德價值觀，也相
繼進入我們的社會，例如自由、平等、博愛、人權之類。有一個時
期，曾經高喊過把固有道德價值重新評估，甚至放棄。後來了解，這
是辦不到的，沒有一個文化能夠完全捨棄它原有的道德原則。我們可
以對道德價值和規範，作某種程度的修正，以適合社羣行為的需要，
卻無法完全用外來文化的道德標準，作為衡量行為的尺度。何況像仁
愛、恕道、信義、誠實這類道德價值和規範，就是在工業社會也同樣
重要。現在的問題是，工業社會的人際關係已經改變了，我們應如何
從舊的關係中跳出來，以適應當前的工業環境，並創造一些有利於職
業行為的、新的道德價值和規範。

　　宗教價值觀， 在某種程度內， 和道德價值有不可分割的依存關
係，例如祖先崇拜，在儀式上是一種行為，在實質上卻具有延續家族

生命和表現孝思的雙重意義，這就是道德力量了，因爲中國人強調
「不孝有三，無後爲大」。中國人的宗教信仰，主要是從兩方面表現
出來：一是祖先崇拜，二是多神崇拜。

　　從有文字記載開始，祖先崇拜可以追溯到殷商時代，那時候的
人，有事就向祖先禱告，然後憑藉甲骨上面的預示，去調整行爲。周
代尤其如此，無論西周或東周，宗教信仰幾乎是一致的。唯一的不
同，西周的同質性較高，到了春秋戰國時代，由於學派的不同，對宗
教的態度不免有些差異，例如孔孟強調有意志的天，老莊強調自然的
天，但對於祖先和諸神的信仰，並未提出爭論。從這個時候起，一直
到現代，中國人在宗教信仰上的改變不大。基本上是沿襲孔孟的宗教
價值觀，以天和祖先崇拜爲主，再配以自然神和英雄崇拜之類；道教
只是加添了一些神仙和若干符籙儀式；佛教無論在信仰或儀式上的影
響都大些，但只是加強了中國原有的祖先和多神崇拜。同時佛教也因
而中國化了，臺灣在這方面尤其表現得明顯。

　　開始的時候，究竟爲什麼有祖先崇拜，我們已經不太清楚，但在
後期的意義，不外兩種：一種是具有普遍性的習慣或習俗，如孔子說
的：「生事之以禮，死葬之以禮，祭之以禮」；《孝經》說的：「孝
子之喪親也……爲之宗廟以思享之，春秋祭祀以時思之」。爲表現孝
行和孝思的一種方式⑩。後世的祀祖儀式，無論有廟無廟，大抵可視
爲一種孝行。另一種是具有延續生命的特殊意義，像後期的中國社
會，春天掃墓，多天祭祖，把同族或同族中的小羣體集中行動，就加
添了一個新的象徵的意義，卽所謂延續香火，用祭祀先人來表示血統

---

⑩　　「愼終追遠」也是這種意思。《禮記・祭義》、〈三才〉等均有詳細的
　　討論。可參閱。此處所引：《論語・爲政篇》，爲孟懿子問孝的對話；
　　《孝經・喪親章》，爲解釋孝親的最後行爲。

的沒有中斷。孔子雖然說過「不孝有三，無後為大」的話，卻沒有提出表現的方式。直到以祭祀祖宗牌位的方法來延長祖先的生命，這一祖先崇拜的功能，就不僅是宗教的，而是把個人、家族、祖先、子孫整合在一起，每個人都是祖先系統中的一環，死去的人是現在的祖先，現在的人是將來的祖先，把世界的過去、現在、將來組在一個圈圈中。這真是一大發展，也是一大發明，這樣一來，中國人誰敢拋棄祖先？這是把宗教和倫理，因祖先崇拜而結合起來。

多神崇拜是我國宗教信仰的另一特質，也是從殷周以來即如此。孔子對於天與神雖半信半疑⓫，皇室和一般人卻大都是祭天而祀諸神，雖然等級的差異還是相當大。《國語‧周語中》說：「昔我先王之有天下也，規方千里，以為甸服，以供上帝山川百神之祀……」；《楚語下》說：「天子徧祀羣神品物，諸侯祀天地三辰及其土之山川，卿大夫祀其禮，士庶人不過其祖……其誰敢不戰戰兢兢以祀百神」？從這個簡單的資料⓬，我們就可以得知：第一，諸神本質上的階級性很小，有的話，可能是兩個等級，天與羣神；第二，祀者身份上的等級卻很大，天子祀天下，逐級下降，所能祀的範圍越來越小。但是，有一個觀念是上下一致的，就是認定天、地、百神的存在，在許可的範圍內去祭祀羣神。從古代一直到現在，祀者的身份差異已經沒有了，祭祀的對象卻未變，誰都可以祭天，也可以祭羣神。這些羣神，天似乎高高在上，其餘就是所謂日、月、山、川、雷公、電母、關公、王爺、媽祖、佛祖、土地公……各種各樣的自然神、鬼怪、英雄等等。

⓫ 《論語》有幾處提到這類問題，如「天何言哉，四時行焉，百物生焉，天何言哉」〈陽貨〉，「子不語怪力亂神」〈述而〉等。

⓬ 祀天地羣神的記載，中國史料上所在皆有，如《左傳》、《禮記》、《儀禮》、《周禮》等。《禮記》祭法的描述尤為詳盡。

從時間上來說，類別沒有多大改變。

　　祭祀的目的，大抵不外兩個方向：（1）積極的，希望達到某些普遍性的目標，滿足某些特別的需要，例如豐收、保平安，戰事獲得勝利，個人的發財、好運氣；（2）消極的，希望沒有災害，避免歉收，個人的免於疾病、壞運。如果提高層次，我們可以說，宗教信仰不過是對神鬼的敬畏而已。敬是爲了降福，畏是怕他降災。中國人的宗教價值，自古以來，大致仍然停留在功利的階段，佛家境界較高，又多爲專業人員所追求的目標；一般佛徒，仍不過求菩薩保祐而已。依照《禮記‧祭統》的說法❸，祭包含許多重大的意義，如尊敬、教化、倫理等，但一般人並沒有這樣高的層次。

　　如果這樣，我們可以把祖先崇拜，多神信仰，以及多樣的倫理觀，結合起來，就變成中國宗教觀上的一大特色，這個特色的象徵就是我國家庭神龕上的「天地君親師位」，民國成立以後，許多家庭改寫爲「天地國親師位」。這個神牌，不僅揉合了宗教和倫理關係，並且表現了社會的階級關係。無疑，這是士紳階級的創見，而爲整個社會所接受。在傳統中國社會，士紳階級的價值觀跟農工商階級的往往有些距離，但對於倫理和宗教的價值觀，二者卻極爲接近，甚至是完全一致的。

　　以現在臺灣的工商業社會而論，天主教和基督教的信徒雖有些增加，居民極大多數的基本信仰體系，不僅仍然是以道佛爲基礎的民間信仰，而且宗教活動頻率呈現增加的趨勢。天、土地、自然、英雄、鬼怪、佛祖以及祖先，仍爲崇祀的對象；求財、保平安、求好運、消災、避危難、治病，也仍然是拜祭的目標。不同的是，國家級的祭祀

---

❸　〈祭統〉說：「祭則觀其敬而時也」，「夫祭……其教之本與」？「夫祭有十倫焉：見事鬼神之道焉，見君臣之義焉……」。

停止了，知識分子的宗教行爲減少了。這與工業化和現代化的生活方式，有沒有什麼關聯呢？也許可以從兩方面來解釋：就宗教價值觀而論，依照西方社會的經驗，工業化似乎不致影響信仰體系，科學與宗教信仰並不互相衝突；但就宗教行爲中的迷信成份而論，應該有減少的趨勢，例如，不迷信菩薩保祐賺錢、治病、消災之類，而只視爲精神上的寄託。不過，目前臺灣的宗教行爲，似乎並沒有這種趨勢。倫理也一樣，倫理的本質不會有太大的改變，表現倫理的方式卻不得不作某種程度的適應。以孝爲例，中國人對父母的孝思，在可預見的將來，不可能拋棄；但孝行就會跟以前不一樣，因爲環境的確變了，想不變也不行。

三　結　論

我在本文所提出來的「價值觀」，是一種比較籠統的說法，係就各種價值與行爲、規範間的互動關係加以了解，然後進一步分析中國人有些什麼類型的價值觀。共同的價值觀不僅對於行爲有導向作用，也使生活在同一社會中的人，能彼此相互了解，並容易共同相處。

從這個角度來分析中國人的價值觀，依照各種分類標準加以選擇，可以大略分爲三種類型：(1) 對自然與人生的價值觀，(2) 對社會與人羣的價值觀，(3) 對倫理與宗教的價值觀。從第一種價值觀，我們發現中國人雖長期生活在貧困的環境下，仍然是樂觀，而具有相當大的創造力，同時也養成一種順應環境和服從權威的性格，把成就的機會交給命運。從第二種價值觀，我們發現中國人認同血緣和地緣羣體的意識非常強烈，這種集體觀念使個人在社會中不容易產生成就感，而把許多有關社會、政治、經濟的活動，都視爲羣體的一部分，

使得這方面的改善受到限制。從第三種價值觀，我們發現中國人的倫理和宗教，有很高的一致性或重疊現象，仁與孝是行爲的主要指標，祖先崇拜又幾乎是道德價值的重現。也許是受了儒家傳統的影響，中國人在價值觀上所表現的實用性和功能性十分強烈，尤其宗教價值，幾乎自古至今，一直爲功能取向所左右。

價值、性格、傳統、環境之間旣然產生相互影響的作用，則當環境變了，價值也必然受到一些影響，這就是目前工業社會環境與原有價值、規範、國民性、文化傳統間，所存在的某些衝突現象，因爲價值對行爲有某種程度的導向作用。降低衝突的策略越多，方法越合乎實際需要，則社會和諧的程度越高，價值整合的可能性就越增加。

参 考 書 目

文崇一、張曉春

　　民68　〈職業聲望與職業對社會的實用性〉，《臺灣人力資源會議論文
　　　　　集》。臺北：中央研究院經濟研究所。

吳聰賢

　　民61　〈現代化過程中農民性格之蛻變〉，李亦園、楊國樞編《中國人
　　　　　的性格》。臺北：中央研究院民族學研究所。

周谷城

　　民19　《中國之社會結構》。臺北：文學史料研究會重印。

費孝通

　　民37　《鄉土中國》。臺北：文俠重印。

蒲　韌

　　民36　《兩千年間》。上海：開明。

DuBois, Cora

1967 The Dominant Value Profile of American Culture, in M. McGiffert, ed., *The Character of Americans*. Ill.: Dersey.

Firth, R.

1953 The Study of Values by Social Anthropologists, *Man* LIII.

1963 *Elements of Social Organization*. Boston: Beacon.

Foster, M. G.

1962 *Traditional Cultures: and the impact of technological change*. N.Y.: Harper.

Kardiner, A., R. Linton, C. DuBois & J. West

1959 *The Psychological Frontiers of Society*. N.Y.: Columbia.

Kluckhohn, C.

1962 Values and Value-Orientations in the Theory of Action: an exploration in definition and classification, in T. Parsons and E. Shils, eds., *Toward a General Theory of Action*. N.Y.: Harper.

Kluckhohn, F. R., and F. L. Strodtbeck

1961 *Variations in Value Orientation*. Ill.: Peterson.

Parsons, T.

1963 *Structure and Process in Modern Societies*. N.Y.: Free.

1966 *The Social System*. Toronto: Collier. Macmillan.

Parsons, T. & E. Shils

1962 Values, Motives, and Systems of Action, in T. Parsons & E. Shils, eds., *Toward a General Theory of Action*. N.Y.: Harper.

Perry, R. B.

1924　*General Theory of Value*. Mass.: Harvard.

Rescher, N.

1969　*Introduction to Value Theory*. N.Y.: Prentice-Hall.

Spranger, E.

1928　*Types of Men*. N.Y.: Stechert-Habner.

中國傳統價值的穩定與變遷

　　西方學者在批評傳統中國社會時，常常喜歡用靜態的或向後退的一類字眼來形容它缺乏創造力和生氣。這顯然不是討論社會文化發展的合理方式。從社會文化發展的過程來看，任何一種文化或一個社會的穩定或變遷都是相對的。就是說，在一個長時期裏，文化或社會既不可能完全穩定下來不變，也不一定能變得完全失去本來的面目。許多學者採用動態的（dynamic）或均衡的（equilibrium）觀念來討論它（Sorokin 1937；Parsons 1951），就是基於這種原因。

　　本文只是想用中國文化中的一個因素——價值體系來探討它的變或不變。

　　中國的傳統價值牽涉甚廣，無法在一篇短文裏完全介說清楚，這裏只提出若干要點來討論。不過，從這個大綱中還是可以看出中國傳統價值變遷的跡象與趨勢：

　　(1) 認知價值：如尊重儒家傳統的宇宙觀與權威態度；

　　(2) 經濟價值：如重農、重視家族資產；

　　(3) 政治價值：如尊重專制政治、追求權力；

　　(4) 社會價值：如重視家族與官紳的地位；

　　(5) 宗教價值：如敬天、祭祖、祀鬼神；

　　(6) 道德價值：如強調四維八德、君臣父子關係；

(7) 成就價值: 如追求功名，重視立德、立功、立言。

在價值體系中有個人、集體與社會三種取向，個人的偏向於動機取向，集體的偏向於集體本身取向，社會的偏向於社會價值取向 (Parsons et. al. 1951)。不管那一類，都具有指導行爲的作用 (Firth 1951:43)。所以價值的另一面，也許就是社會規範 (social norms)。在我們，可以叫做「禮與法」，是用來節制個人和羣體行爲的工具。價值和規範因而形成一種互動關係。許多爲大眾所接受的價值取向 (value orientation) 也往往從社會規範上表達出來。其次，價值本身不能當作一種實體的存在，僅是表現人類的某些欲望、動機、意向、興趣、目的、或個人與羣體行爲的方向。基於一些同樣的價值取向使複雜的社會行爲和社會關係成爲可以了解，並且成爲溝通個人或羣體間的橋樑。第三，任何價值都不是孤立的，而是彼此牽連。一種社會的價值有時又是經濟的、政治的、或道德的。以家族爲例，就牽涉到這許多方面，甚至與認知的和宗教的價值也有關係。分類祇是爲了討論方便起見，只是一種理想形態 (ideal type)。本文上述的分類是根據 Spranger 和 Firth 的分類法❶ 加以修改而成，我覺得這種形式比較適合於討論中國的傳統價值。

價值也是文化的產物，經由文化變遷理論的途徑，我們可以了解價值變遷的趨向。在社會文化變遷中爭論最大的是，技術先於意識形

---

❶ Spranger 的六種理想價值類型是: 理論的 (theoretical)、經濟的 (economic)、審美的 (aesthetic)、社會的 (social)、政治的 (political) 和宗教的 (religious) (參閱 Spranger, 1928; Holt, 1967:43). Firth 也是六種: 技術的 (technological)、經濟的、道德的 (moral)、儀式的 (ritual)、審美的、社團的 (associational) (1951: 43). 其他的分類還很多，此處不列舉。我個人也曾修改過幾次，在討論中國傳統價值時，還是認爲上述七種比較合適。

態而變，抑意識形態先於技術而變？價值是意識形態的一種，卽是，技術最先變革，還是價值影響技術變革？有些人，如 Marx 贊成前者；又有些人，如 Weber 贊成後者；也有人認爲兩者難分先後，有時是價值推動技術變遷，有時又是技術推動價值變遷❷。從目前許多開發中國家的現代化，特別是工業化的傾向來看，價值與非價值間似乎沒有必然的優先變革次序；在變遷中，它們只是一種互動關係（文崇一，民 61: 425）；在變遷中，它們必須互相調適。如果新價值與舊技術，或新技術與舊價值，彼此不能調適而產生衝突，就可能導致文化失調❸，或使社會文化失去均衡❹，而引起變遷。在這種社會或文化從穩定（stability）到變遷（change），或從變遷又趨於穩定的過程中，價值的確「扮演」了一個重要的角色。從另一個角度看，也就是價值本身在穩定與變遷之間所做的各種調適或再調適（readjustment）的工作。

中國社會具有悠久歷史的大傳統，其價值不知經過多少次的變遷和穩定，雖說漢以後是一種儒家思想獨霸的局面，這種情形還是不能避免，只是在程度上有些差異。以下我們就七種價值作扼要的討論。

---

❷ 參閱 Baier & Rescher eds. (1969). 該書就三種觀點討論價值與技術變遷問題。

❸ 這是 Ogburn (1966) 的基本理論。他認爲經常是由物質文化（如工具）的變遷引起非物質文化（如宗教）的變遷。這點與我所強調的「互動」不一致。

❹ Parsons 這種均衡理論（equilibrium theory），贊成和反對的都有。參閱 Mitchell (1967: 55-57). 同時也可以參閱 Parsons 自己的許多著作，如 *The Social System.*

一　認知的價值

　　認知（cognition）是個人或羣體對於事物和人際關係所持的一種理性的批判態度。早期表現於對天及自然的觀念上，對宗法社會及封建制度上，人的行爲必須認同這些規範才爲社會所承認。那時候，貴族是一羣，平民是另一羣。平民，由於沒有獲得知識的權利，也許只能在世俗的事務上做若干選擇。戰國後期，知識已經開放到民間，有的布衣做了宰相，對於政治的態度和評價便有些轉變；同時，儒家思想表現在對天、人關係及社會政治制度上的混亂，也使平民得到一個較爲深刻的認識。楊、墨、道、儒雖然在知識階層中散佈得較廣，也不能說對一般人民毫無影響。不過，由於早期的政治、經濟和社會的不平等，知識分子和平民間的認知距離相當大，知識分子在討論宇宙觀、治國平天下的大道理；平民卻只能在減賦、減兵役和勞役等方面來評價皇帝的好壞。統治階級塑造一些權威，如官吏的獨裁、宗法制度、地方主義等，平民便跟着這個權威生活，很少受到挑戰。卽使表現在宗教上，一般人也是把供奉「天地君親師」視爲當然。事然上，這種神牌是知識分子替統治者塑造的。早期的中國農業社會，百分之九十以上是農民，他們忙於自己的生存，忙於供養統治階級，沒有也不可能有多少時間去從事智力活動，因此，他們幾乎沒有屬於自己的推論，只是盼望過一點平靜的生活。雖然沒有經過授權，有些知識分子和統治階級的人往往代表老百姓說話，把天命和民命經常搞在一起，這就變成一種傳統。

　　春秋戰國時代，儒家的大傳統尚未建立，人民認知上的選擇性還比較大、比較自由，楊、墨、道、儒、法，以及一些別的思想法則，

都可能作爲個人的意識形態。 比如說相信老子的小國寡民、絕仁棄聖，或荀卿的天道自然，都可以。到漢以後就不行了。西漢是大家致力於建構一個中央集權的政府，把皇帝捧到天上，忠與孝成爲行爲的最高準則； 東漢是一窩蜂迷信符瑞； 王充與曹操都沒有機會， 也不夠力量把儒家傳統截斷；晉的玄學和鍾嶸的美學仍不過曇花一現；唐以後的古文運動和兩宋理學的發展，使儒家大傳統一直延續到二十世紀。

受到西方文化挑戰後的中國傳統文化，在認知層次上已經產生某種程度的轉變，特別是對於科學與民主的了解，但對於論理價值仍持保留態度。由於知識階級和統治階級的倡導，傳統中國知識分子一向的偏向作業，即鄙視工藝知識而尊重政治權威，把家族主義和地方主義結合起來，成爲主要的生活方式。科學與民主打進了這個傳統的保壘後，爲了適應，人民也不得不作若干新的選擇，於是迫使原來的農業社會轉向工商業社會發展，成就最大的是表現於近二十年來臺灣的經濟成長。部份傳統，特別是倫理價值傳統雖然還保留着，可是，新的宗教、新的技術、新的政治觀念、新的社會制度均給予一般人以新的認知方向，這種衝擊是很大的。

二　經濟的價值

經濟的價值 (economic values) 可以從人民的經濟行爲及對經濟的態度表現出來。 中國是一個農業國家， 具有農業社會的古老傳統，這種傳統表現在行爲與態度上的，如：缺少成就動機（吳聰賢，民 61: 343, 361），接受命運的安排， 辛勤、節約而安於貧困， 對人生的消極，行動謹愼等等。這可以說是一種農民性格。中國人除了絕

大多數為農民（城市工人或小市民也具有相同性格）外，還有一部份是統治階級與知識分子。這些人在早期社會化中雖然也受了農民性格的影響，但對於經濟價值仍表現了若干不同的傾向。最大的不同特徵是他們在發號施令，企圖變化原有的「匱乏經濟」的情況。比如，他們往往用行政命令來保障農民的利益，提高農民的社會地位❺，以及強調「耕讀傳家」的美德等。但實際效果並不大，主要原因在於他們只是「重視農業」，而不是「重視農民」（吳聰賢，民 61: 336）。誠如鼂錯所說：「今法律賤商人，商人已富貴矣；尊農夫，農夫已貧賤矣」。當時並沒有一套可行的辦法來增加農民的收入及加強農民的成就動機，也沒有機會讓農民在社會事務中扮演較為重要的角色。

事實上，在重重的剝削與打擊之下，農民的物質生活是貧乏的，精神生活也是貧乏的，於是養成一種知足、安貧、認命的價值取向，如「知足常足，終身不辱」，「貧窮自在，富貴多憂」，「命裏有時終須有，命裏無時莫強求」❻。這種諺語所代表的經濟價值取向在農村裏非常流行，並且成為農村青年社會化過程之一。表面上顯得對富貴漠不關心，實際是因為爭取不到而產生的退縮心理。農村在這種「匱乏經濟」的情況下，生活環境非常惡劣：隨時有可能得不到自己日常生活所需要的物資，控制不了疾病和水旱天災，更抵擋不住各種各樣的稅捐及地主所製造的壓力。

有幾個時期，如戰國、漢初、宋、明時代，中國很有機會走上工業化的路，卻終於都被重農派的勢力壓抑下去了❼。重農的結果是，

---

❺　如，「夫農，天下之本也，民所恃以生也」。社會階層的排列為，士農工商。

❻　一種傳統的啟蒙讀本《增廣賢文》，對這類諺語收集得非常多。

❼　Weber 認為中國不能產生資本主義是由於儒家倫理所造成。

工商業所能代表的經濟價值無法形成，使土地在人民的心目中變得無比的重要。於是，國家的財富用土地衡量，族產、公產用土地衡量，個人財富也是用土地衡量，土地幾乎變成一種計算財富的唯一標準。本來只是農民附着於土地，重農的結果，使個人、家族、社團、政府都依附於土地。因而，在中國歷史上農村經濟一旦破產的話，整個國家經濟也就等於破產了。

　　與經濟價值有關而不為中國人所重視的另外兩個問題是技術改進與資本累積。通常，傳統中國知識分子總把改良技術或發明新的技術看作「雕蟲小技」，不值得去費心。絕大多數改革派所注意的是土地的重新分配或稅捐力役的減輕，而非促進技術革新，也即是沒有強調技術的經濟價值。政府重視農業，而農耕技術兩千多年來一直停留在原始的階段，不求改進。這種農業經濟，再加上宗法社會制度，人民即使偶爾有一點積蓄，也多半轉投資於收買可耕地，或是花在教育費上。無論官吏、商人、地主、農民，有了多餘的錢就是買土地。土地固然可靠，不需冒任何風險，可是，等到土地吸收了一切的游資，人民就沒有更多的餘錢去作其他事業的投資了，間接也就影響到技術改良與經濟發展。

　　這種經濟觀念在農村中改變得非常慢，中國近代史上幾次大的工業運動，對知識分子、官吏、和城市商人產生特別的衝擊力，農民則還是在往日的經濟價值取向下生活。真正對農民的經濟觀念產生影響的是二十多年來臺灣的建設，指標之一可以從農村人口日益降低這一現象可以看得出來❽；農民已經跳出了農產品自給自足的階段，而把它當作可供交換的商品，並且是有計畫的生產；農民已比較積極、

---

　　❽　1973 年政府公佈資料，截至 1972 年底，城市人口已增加到 62%。

進取，特別是農產品加工的轉投資，刺激了它本身的發展。農產品輸出，新技術的引用，農村勞動力外流，農業經濟結構的改變，每一種都可能迫使農民對經濟價值作重新的估計。另一方面，在現代化和工業化的政策之下，政府和知識階層也確定了重工商業的基本決策。我們對於經濟的看法已不再是保護某一行業，而是增加國民所得及整體的經濟發展。

三　政治的價值

西方政治思想進入中國以前，中國人一直承認君主專制為合理的統治方式，並且習慣了，很少有人去懷疑它。從政治價值（political values）來說，它已經成為一種為社會所公認的正當的政治行為。這種政治制度的權力結構是權威式的，下層階級服從上層階級，皇帝可以任意指使他的官吏和人民，一般人只是聽命而已。除了知識分子，除了意外的動亂，中國老百姓一向不大過問政治，所謂「天高皇帝遠」，不完全表示對政府的漠視態度，事實上想管也管不着，大多數人民終生難得見到縣太爺一面，政府從不管或不問老百姓需要些什麼，即使有時要問，也是透過地方上的紳士。人民沒有任何正常途徑去認識政府或認同他的國家，而一般官吏又多是狐假虎威，欺壓善良老百姓，所以難免不對官吏存有幾份厭惡感，「為人不做官，做官皆一般」。

在老百姓眼裏，官吏的確有些討厭，因為究竟「清官」太少。但反過來，做了官卻有許多好處，比如，提高社會地位；改善經濟情況，甚至發財；替家族和祖先爭光……。老百姓對這些事看得十分清楚，有機會就要往這上面爬。本來，中國的官吏是世襲的，可是自從

春秋戰國把維持封建政治的宗法制度破壞以後，農民子弟也漸漸攀上了統治者的階梯，所謂「布衣而爲卿相」，就是當時的口碑。打入仕途有幾種可能的辦法：第一個辦法是尋求功名。第一步，努力使自己由貧農成爲富農或地主；第二步，送子弟讀書，十年寒窗，或使了弟變成一個出名的孝子；第三步，經由選舉或考試擠身士紳集團；第四步，學而優則仕，成爲地方或中央官吏；最後，第五步，利用機會爲皇帝的代理人，即宰相之類的人物。這是農民往上爬陞到統治集團的典型模式。一旦成功，權威地位也就穩固了，從被壓迫者變成壓迫者，從治於人變成治人，許多好處都源源而來。也可以說，由於這種道理，迫使每一個傳統的中國人不得不努力去尋求仕途上的顯赫功名。第二個辦法是買官爵。買官並非正途，也不太爲人所尊重，但必要時還是可以充充場面。不少皇帝在財政困難時能夠拋售，就由於好之者多。做爲一個傳統的中國人，富有不能代表一切，有錢而無勢，正如一個人少了一條腿，無法站起來。第三個辦法是打天下。歷史上的名言，「彼可取而代也」，表現得野心勃勃，不給就自己動手。不過，這種事多少要冒點危險，願意去嘗試的人不多。比較起來，還是採用第一個辦法的人較多也較安全可靠。

　　不管用什麼方法獲得了政治地位或取得權力，他們對於政治的動機與評價總是脫離不了權威、治人、民牧等一些觀念。以儒家爲例，主要的政治思想在於「仁政」、「爲政以德」，天下就太平了；至於「禮治」或「法治」，那是手段的不同，本質上還是強調用一批人去「治」另外一批人。實際上以孔孟爲代表所高喊的仁政，除了傳說中的堯舜時代，在中國歷史上從未出現，只是一種理想。一般老百姓對這種政治理想莫測高深，他們只要能夠不打仗，少納點稅，就算是碰着個好皇帝了。

　　清末的立憲運動可以說是中國政治思想上的一大轉變，但祇限於少數知識分子，統治階級及一般人並未接受。五四時代把「民主」觀念介紹進來，才算是一個眞正的挑戰。這個挑戰把中國的政治結構作了一次徹底的改革，政治價值也改變了，最大的改變就是一步一步邁向福利國家的遠景，一般人也覺醒到政治參與的重要性。

四　社會的價值

　　傳統中國社會階層的理想型態是士農工商，皇帝與皇室是超階層的，甚至官吏也是超階層的，因爲四個階層中沒有提到「仕」。如果以社會價值 (social values) 標準分類，實際應該調整爲下面幾個階級：

第一級，皇帝及皇室；

第二級，官吏，包括中央及地方各級官吏；

第三級，士紳；

第四級，商人；

第五級，農民及工人。當時城、鄉分化不大，一般城市市民也屬於這一階級；

第六級，奴隸及無業遊民。

　　這種分類是以社會經濟地位爲標準。當時的商人雖被政府貶抑，但實際的社會經濟地位比農人高，所謂「工不如農，農不如商」，這個現象一直存在於傳統中國社會；商人並不完全滿足於已有的身份，通常還透過買官捐監的辦法來提高社會地位；士紳除了努力向上爬外，有官爵的也比無官爵的要顯赫得多；皇帝最高也最安穩，除非發生暴亂或篡奪，他永遠是第一級。

　　這種社會價值標準一直存在於傳統中國社會，所以農人盼望發財，盼望他的子弟成為士紳，士紳再成為官吏，官愈大愈好。正如俗語說：「萬般皆下品，唯有讀書高」。個人一旦成為「讀書人」，不但進可以做官，退亦可以在農村中身價百倍。傳統中國社會流行一種諺語：「書中自有黃金屋，書中自有顏如玉，書中自有千鍾粟」。即金錢、美人、官祿，全可以從仕途上獲得，難怪要把所有有志氣的青年都逼上「功名」之路。這個現象一部份還反映在今天的大專聯考和留學上面。

　　構成中國傳統社會的兩個主要因素是家族主義和地方主義，也即是兩個大團體，同族與同鄉。個人扮演的特殊角色不是從個人，而是從團體，同族或同鄉的社會價值上表現出來，這種價值也延伸到死後和死去的祖先。所以一個讀書人中了進士（或同類事件），匾額是掛在祠堂裏；做了官，回家的第一件事是拜祖先和拜見地方父老。所謂「光宗耀祖」、「榮歸故里」，其實都是表現一種集團價值取向，個人只是在集團中分享他自己的成就。

　　自孔子以來，中國人在討論社會關係時相當程度地強調仁愛、忠恕一類的行為規範，謀求建立一種和諧的理想社會。不幸這種理想並未成功，不但國與國之間經常征戰，族與族之間也常械鬥不已，中國歷史上的「太平盛世」真是少得可憐。許多人把這種責任推到皇帝和政治家身上，其實這是價值衝突，特別是社會價值衝突的結果。傳統中國社會是一種集團取向，仁、愛一類的行為準則是在集團內建立起來的，很難實行於集團外。比如「推己及人」，只能視為一種理想，在陌生社會就不容易發揮它的功能。這就等於說，要用特殊性的行為準則或價值取向去推行一種普遍性的理想，當然注定失敗。因此，中國歷史上儘管出了不少的忠臣、義士、孝子、隱士、豪俠和聖賢，而

始終無法建立一個理想的和平國家。

　　自從西方的學校制度和自由、民主輸入中國以後，形式上變了很多，比如考試、用人的方法變了，政治制度變了，權威態度變了，社會、人際關係也變了，但是，只能說某種程度或有限度的改變，而非徹底的所謂「脫胎換骨」。這樣，除價值衝突外，我們又面臨到另一個困境，即如何使若干傳統的生活方式和意識形態去適應現代的社會環境？ 不過，很明顯，這種適應方式成功的可能性極少； 最有效的辦法還是改變我們旣有的價值取向在現代社會中取得調適，因爲像民主、平等、現代化這一類的社會價值已經是一個世界性潮流，誰都無法阻止。

五　宗教的價值

　　宗教價值 (religious values) 可以從宗教信仰和宗教儀式中表達出。孔夫子雖然主張人死了要「葬之以禮」，對祖先崇拜繼承了殷周的遺風，卻是不大喜歡討論「怪力亂神」，表現了奉祀神的選擇性。這種態度對後來中國人的影響很大。傳統中國社會的宗教信仰大致可分爲兩大類：一是祖先崇拜；二是多神崇拜。

　　祖先崇拜不祇表示尊敬祖先和請求保護，也表示家族中內聚力和「愼終追遠」的孝思❾。在一個同姓的村落中，你多半會看到一個祠堂，祠堂的神龕上擺了許多祖先牌位，春秋祭祀在那裏舉行。這就是內聚力和孝思的象徵，傳統中國社會的泛孝思想，表現於死後的比生前還重要，生前還可以用「處境」觀念❿來解釋一些不能及時實踐孝

---

❾　《禮記》，如〈祭義〉、〈三才〉，對此有詳細的討論。
❿　這個觀念是許烺光提出來的，他認爲中國人可以用某種價值在不同的處境作不同的解釋。

的行為，如移孝作忠；死後就必須「盡哀」，必須服三年之喪。用宗教儀式來表達孝行，正是一方面想藉以延續祖先的生命，一方面想達到整合的目的。所以，在中國歷史上，人民不容易表現宗教的狂熱，卻相當理性。

多神是中國宗教思想的另一面，不管是神性人物、自然神、或鬼怪，都相信它有一種力量，這種力量是人力無法克服的，只有祈禱。這些神，以天為主宰，其下有日、月、山、川、關聖帝、道德君、媽祖、王爺、佛祖……等各種各樣的大小神怪。對於這類神，人民只是為了滿足某種社會需要，或達到特定的目的。這類神，除了「天神」外，多半是屬於地方的，對地區有整合的功能，雖然它的功能不像祖先神對家族那麼大。

把祖先和泛神崇拜綜合起來，是中國宗教信仰的一大特色，這個特色的象徵就是傳統中國社會神龕上的「天地君親師位」。這個神牌不但說明了社會的階級關係，而且說明了階級中的人際關係。也即是說，社會意識反映在宗教結構上，宗教行為又反映了道德規範，因此，個人、家庭、家族、社會、乃至國家均在宗教價值上顯示了他們的相關性，這種相關性也就是宗教對個人與社會的整合作用。在傳統中國社會，士紳階級（包括統治階級）與農民階級往往具有不同的意識形態或不一致的價值取向，但對於宗教價值卻極為接近。非知識分子也許不十分了解「天」的道理、禪宗經典以及多神論等，可是接受了相同的儀式生活，相同的信仰態度，並且企圖達到相同的目的。

基督教和天主教傳入中國後，除了增加幾個外國神以外，原有的宗教行為，甚至原有的宗教價值並未受到太大的挑戰，祖先崇拜和泛神信仰照樣在各階層各行業中流行，只有知識分子的無神論似乎多了些。

六　道德的價值

中國是一個泛道德主義的社會，任何行動或言論都很容易受到道德價值（moral values）的牽制，而不用理性去解決問題，最明顯的為經濟上的濟貧、救荒政策，政治上的德治教條，社會上的尊老敬賢，文學上的文以載道，宗教上的孝思觀念，都是強調以道德標準來衡量事物或行為的好壞，而且為人民所接受。道德價值的影響力幾乎擴及所有的價值活動，正如孔子所說：「吾道一以貫之，忠恕而已矣」。忠是對事，恕是對人，這也是道德價值核心之一。道德價值發展到後期所謂「四維八德」，實際在孔子時代已經提出來了，孔子所提到的德目事實上比這個還多，如恕、誠、勇等。不過，孔子以仁為綱領，後期卻把仁與其他德目擺在同等地位，這一差別使傳統中國社會的道德標準變得非常散漫。道德規範本來是用以約束人的行為，規範太多，就使人的行為處處受到約束，而顯得呆板了。

孔子說：「克己復禮，為仁」；孟子說：「惻隱之心，仁之端也」。以這兩種仁的內涵為例，我懷疑它有普遍實踐的可能性，因為人的行為必然有動機或目的，像這樣空洞的道德規範是否對每一個陌生人都可以做得到呢？也許當時人對這種事已經感到困擾，所以想出了另一套解決的辦法，而提出「君臣，父子，兄弟，夫婦，朋友」綱領之說，把德目從這些關係上做為起點，再推衍下去。這的確是一個好辦法，可惜歷來推衍的成績並不理想，反而把道德標準陷死在這個框框上，成為家族主義與地方主義的有力支柱；並且也使專制政治在這上面紮了根，誰要反對皇帝，誰就違反了道德規範，違反道德規範就是偏差行為，必然受到社會制裁。像這樣，我們也可以說，道德價

值在某種程度內助長了集團主義及專制政治的穩定性。

傳統中國社會的人民是不是眞的都完全依據這些德目行動呢？未必。因爲它有某個限度的選擇性，比如，「君視其臣如草芥，則臣視其君如讎寇」；「聞誅一夫紂矣，未聞弒君也」；所謂「君不君，則臣不臣；父不父，則子不子……」。看起來是把道德價值置於一相對的立場，很合理；可是，也造成一種混亂，誰都可以設法找出一個藉口來掩飾他的偏差行爲。於是使道德價值變爲不切實際的空論。一般人幾乎被弄得不容易分辨是非了。

過強的道德約束力所造成的另一種現象是言行難以一致，不要說後世，就以孔子當時來說，就使人有「動輒得咎」的感覺。於是有些人就不免「滿嘴的仁義道德，私卜裏男盜女娼」。這是中國農村社會流行甚久的一句俗語。這句俗語也說明了德目太多的反作用。我們可以用傳統中國社會一本啟蒙讀物，《增廣賢文》[11] 來說明它的反作用究竟在那些方面。第一，它勸人不要太誠實，「逢人且說三分話，未可全拋一片心」，「畫虎畫皮難畫骨，知人知面不知心」；第二，它勸人不要管閒事，不要合羣，「各人自掃門前雪，休管他人瓦上霜」，「見事莫說，問事不知，閒事莫管，無事早歸」；第三，它勸人忍氣吞聲，免得吃眼前虧，「忍得一時之氣，免得百日之憂」，「得忍且忍，得耐且耐；不忍不耐，小事成大」；第四，它勸人不要相信官吏，「衙門八字開，有理無錢莫進來」，「清官難逃酷吏手，衙門少有唸佛人」。這些消極的處世態度實際都是反傳統道德規範[12]，所謂好人不一定有好報。

---

[11]　《增廣賢文》是傳統中國社會任何人啟蒙讀物的必讀書，它的影響力不只及於農民，所有階層都可能接受了。

[12]　它也提到「錢財如糞土，仁義值千金」一類的正面意義，但爲數極少。

我不是有意要在這裏非難傳統道德價值，而是因爲歷史上過多的道德教條已經在人民心理上造成一種反感，這種反感，足以抵消任何改革的企圖。

目前，我們也受到西方文化所強調的自由、博愛、平等之類價值觀念的衝擊。有一個時期，如五四時代，曾經想捨棄傳統而接受這些西方產物，但沒有獲得預期的成果。這些觀念不能算是太新鮮的東西，如我們傳統社會所讚揚的誠實、仁愛、推己及人等比之均毫無遜色，可是我們的道德價值一向爲集團主義與權威性格所制限，今天我們也面臨到同樣的問題。何況我們現在的社會結構、經濟制度、世界觀都已經在轉變中。如果不設法適應，就將和傳統社會一樣，使社會的發展受到限制。

七　成就的價值

傳統中國社會成就的理想型態是：立德、立功、立言。立德是指道德上的成就，作爲一個忠臣或孝子均可以，最好是聖賢，如伯夷、叔齊；立功是指事業上的成就，主要是作一個有大功於皇室的文官或武將，如張良、韓信；立言是指學術上的成就，寫一部有見解的書，藏諸名山，流傳後世，如司馬遷、王充。三種成就是有高低層次的：最上立德，其次立功，再其次立言。所以立言是知識分子的末路，前面兩階層都爬不上去，只好寫點文章發洩發洩，當作欲望上的滿足。這個等級雖然是知識分子自己訂出來的，絕大多數的知識分子卻並不照這樣做，他們把立功看得比什麼都重要。中國歷史上「功成不居」的人物被傳爲佳話，就由於這個道理。

世俗的實際成就價值 (achievement values) 應該是下列幾個類

型：最大的成就是做了皇帝；其次是當了中央或地方的大官；再次是成為紳士中的一員；最後是地主❸。皇帝不是每個人都有機會，所以中央官吏成為知識分子競爭的對象；紳士也是得來不易，所以地主成為一般人獵取的對象。從這種關係來看，顯然「士」的上昇機會比較多，出路也比較好，因而競爭也就特別激烈。傳統中國社會流行一句俗語說：「士乃國之寶，儒為席上珍」，眞是一語道破，也可見這道窄門擁擠的慘烈情況，歷二千餘年而不衰。這個公式是這樣的：一個農人努力工作，盼望變成地主；地主送子弟讀書，獲取功名，變成士紳階層中的一員；然後打入統治官僚集團，回頭來統治農民。總之，表現成就的三個最大目標是：仕，士，和地主。仕是知識分子的成就價值，地主是農民和商人的成就價值。但是，在一個傳統的農業社會中，土地的供給量有限；在一個依靠農業為生的政府，能提供知識分子的就業機會也有限；而需要土地與官吏職業的人卻是無限的——天一天增多。從表面看，這是供需的不平衡；從內部看，卻是使社會系統經常無法達到均衡狀態，而呈現不穩定的局面。中國歷史上的許多動亂都因這種調節不當而產生。

當然，傳統中國社會也還有些別的成就途徑，如做一個為人稱道的孝子、烈婦，這可以不需要土地，也不需要官職。可是，這在總人口中只佔極少數，而且不是每個人想做或做得到。對於緩和成就價值衝突而言，它的作用並不太大。

現代社會給予人民就業、發財的機會多了，滿足成就需要動機的也不限於土地、官吏和士紳，我們可以辦一間學校，開一個工廠或公司，成為一個歌星或運動員，再不然還可以飛到國外去謀發展。只是

---

❸　這裏是指純地主階級，官吏或士紳兼為地主者是另一種身份。

由於政府決策的偏差，乃至使太多的人擠向大學、留學，而用博士學位來代表個人的成就價值，幾乎走了傳統的老路，眞是一大不幸。我們希望這種情形不要再繼續下去，在社會現代化的過程中，人民滿足成就動機的可能性越來越多，只要在決策上能善加運用。

八　綜　合　討　論

在寫作的過程中，我是從認知、經濟、政治、社會、宗教、道德、成就七種價值來討論中國人的價值體系 (value-system)。價值分類的方法有許多種 (Rescher 1969: 14-19)，這不過是其中之一，主要是我個人把 Spranger ⑭ 的觀點酌加修改而成，以適合討論我們的價值。這種分類法最少有兩個優點：第一，理論架構非常清楚，容易抽離出核心價值 (core value) 作爲討論的重點；第二，討論時運用資料與解釋現象均比較方便於操縱，不致流於太鬆懈。所以到目前爲止，使用它的人還不少。

我們已經了解，七種價值的每一個層面又代表一種行爲的方向或目的，卽，認知價值在於以儒家傳統爲個人或羣體的人生觀和宇宙觀；經濟價值在於重視農業，發展家族資本；政治價值在於強調權威，保障統治階級的利益；社會價值在於追求財富和功名，取得向上爬陞的機會；宗教價值在於泛神及祖先崇拜，達到天人合一的境界；道德價值在於尊重四維八德，謀求社會的和諧；成就價值在於成爲官吏、士紳、或地主，在集團中顯示個人的重要性。這些理論的價值層次在實際運作上往往會有重疊的現象，如經濟價值會牽涉到倫理、成

---

⑭　Spranger (董兆孚譯，民 56: 123-284) 把人從個性上區分，實際是指價值觀，共有理論、經濟、藝術、社會、政治、宗教六種。

就、政治等問題，道德價值會牽涉到認知、宗教、經濟、政治、社會、成就等任何一個範疇。也由於這種情形，我們認為道德價值至少在傳統中國社會中是一個核心價值。不論什麼形態的社會結構，核心價值是最重要的，最足以左右人民的態度與行為方向。許多研究已經證明，核心價值是塑造行為模式的基本動力。

價值既然對人類，個人和羣體的行為有導向作用，價值的穩定或轉變就必然產生行為的穩定或轉變。換句話說，行為的方向可以由價值的方向來決定，卽，如果價值沒有變，行為的改變就極為困難，甚至不可能。我們如何了解價值的轉變呢？這往往可以從社會規範中看得出來。價值與規範是一體的兩面，價值着重於態度方面，如應不應該孝順父母，應不應該祇重農業而不重農民；規範看重於實際行為方面，如是不是孝順父母，是不是只重農業而不重農民。一個人可能認為孝順是應該的，實際卻不見得事事聽命於父母，這就引起價值衝突。如果一個羣體或社會在認知上承認孝順是美德，實際卻無法做到，價值衝突就會更大，就會引起文化失調，於是不得不被迫去改變某些社會結構以求適應。這是指價值與規範或行為間的衝突所造成的結果，不同價值間的衝突也可能產生類似的情形。如果我們決策失當，就必然使文化體系失去均衡而導至混亂。傳統中國社會若干價值所強調的，境界是很高的，如仁民愛物、推己及人、治國平天下等，不過，在行為上似乎未能完全配合，有時候甚至背道而馳。結果，從二千多年後的今天來看，仍然只是一種理想。經過這麼多年還不能實現，就使我們不得不懷疑它的可行性。

自從我們的知識分子把西方文明的一些價值觀念移植進來，價值衝突的情況就越來越嚴重，如政治民主與集權的衝突、個人自由與權威的衝突、社會平等與階級的衝突、工商業與農業的衝突、小家庭與

大家庭的衝突、企業家與官吏的衝突等等。幾十年來，我們一直在這些非常尖銳的衝突中奮鬥，花費了不少的時間與心血，然而，問題並未完全解決。看樣子，我們還得繼續一段相當長遠的日子。早期，我們對於價值變遷的了解不夠徹底，對於價值與行爲的互動關係也不分清楚。今後，我們希望這方面的研究能有更高的成就，並爲決策方面提供一些幫助。

參 考 書 目

文崇一

　　民61　〈評價值與未來〉，《食貨》1(11)：42–45。

吳聰賢

　　民61　〈現代化過程中農民性格之蛻變〉，見李亦園、楊國樞編《中國人的性格》。臺北：中央研究院民族學研究所。

董兆孚譯

　　民56　《人生之型式》(E. Spranger 原著)。臺北：商務。

Baier, K., & N. Rescher, eds.

　　1969　*Values and the Future: the Impact of Technological Change on American Values*. N. Y.: Free.

Firth, R.

　　1951　*Elements of Social Organization*. Boston: Beacon.

Holt, R. R.

　　1967　Individuality and Generalization in the Psychology of Personality, in R. S. Lazarus & E. M. Opton, Jr., eds., *Personality*. Baltimore: Penguin.

Mitchell, W.

1967　*Sociological Analysis and Politics: the Theories of Talcott Parsons.* N. J.: Prentice-Hall.

Ogburn, W.

1966　*Social Change.* N. Y.: Dell.

Parsons, T.

1951　*The Social System.* N. Y.: Macmillan.

Parsons, T. & E. Shils

1951　Values, Motives, and the System of Action, in T. Parsons & E. Shils, eds., *Toward a General Theory of Action.* N. Y.: Harper.

Rescher, N.

1969　*Introduction to Value Theory.* N. J.: Prentice.

Sorokin, P.

1937　*Social and Cultural Dynamics.* N. Y.: American.

現代化過程中的價值變遷[*]

臺北三個社區的比較研究

一　序論

　　人類學家和社會學家很早就注意到了經濟發展或現代化過程中社會心理和人格因素的重要性 (Weber 1967; Linton 1952)。近幾十年來，更有許多社會科學家從許多不同的層面來討論現代化或經濟發展的問題，獲得不少有價值的發現。他們所探討的層面非常的廣，包括了都市化、工業化、人口、政治發展、教育、專業化、大眾傳播、社會科層化、價值轉變以及整體的經濟發展等等。雖然學者們努力在研究這些複雜的現象，對於澄清現代化這個問題固然有很大的幫助，可是仍舊無法理出一個有系統的頭緒來。這是因為問題牽涉太廣，因素間的關係太複雜，而因果關係的探討又極易陷入循環論的困境的原故。最近,有一些社會學家和社會心理學家都試圖拋開這些難以分析的因素，而專注於一些與現代化有關的價值叢結 (value clasters) 或價值趨向 (value orientation) 或特殊的心理建構 (psychological construct) 來討論人與現代化的關係 (Rosen 1964; McClelland 1967; Kahl 1968; Inkeles 1969; Armer et al. 1971; Dawson 1971; Turner

---

　　[*]　本章為瞿海源、文崇一合著。

1971；Portes 1973；Kandiyoti 1974)。

社會文化變遷過程中,有一些社會價值或個人的心理建構在轉變,而這種轉變又是促成經濟發展和社會現代化的主要原動力。Turner 和 Portes 借用 Parsons 的觀點指出現代化的價值是傾向於普遍的 (universalistic) 和成就 (achievement) 的, 而不是傾向於特殊的 (particularistic) 和承襲的 (ascriptive) (Hoseliz 1960；Turner 1971；Portes 1973)。在個人層面而論, 由於時間的遷移, 現代文化的衝擊, 使得個人具備了與前人不同的心理建構或價值叢結, 例如 Rosen 提出了個人主義, 將來主義及積極主義, McClelland 提出了成就動機, Inkeles 提出了更多的現代人的特質, 另有一些學者, 例如Armer, Portes 更運用因素分析法歸納出個人現代性的幾個基本因素。除了在探究個人現代性或現代人的特質以外, 學者們也積極地用泛文化的研究為這一個建構找證據, 同時, 探討影響個人現代性的因素或相關因素, 也是他們研究的主題之一。Inkeles 與他的同事們發現, 正式教育程度的高低, 居住城市與否和時間的長短, 以及工廠經驗, 可以作為判斷個人現代性的標準 (Smith & Inkeles 1966)；Kahl 認為對個人現代性最具決定性的因素是社會經濟地位, 居住在城市只是一個次要的相關因素, 因為在社會經濟地位因素被控制時,居住地因素的影響就降低了許多 (Kahl 1968)； Armer 和 Youtz 在非洲的研究, 則肯定了西方新式教育對居民個人現代性的影響 (1971)；Portes 最近在 Guatemala 的研究, 發現影響個人現代性的主要而有顯著意義的因素, 包括居住城市的時間、教育、職業、居住狀況,它們和個人現代性的相關* 分別為.48, .52, .53, .54；而有

---

* 相關是指兩個變數間關係的程度, 相關係數越大, 表示兩者關係也越大；
  正相關或負相關表示方向的相同或相反。

關父親的因素諸如教育程度、職業、出生地，雖具有零序相關，但與他們所編的 SMI 量表間的迴歸係數卻很低，也就是這些因素的影響並不純淨。同時他發現個人的年齡和個人現代性並沒有顯著的相關 ($r = -.02$)。不過 Portes 的量表側重於家庭計劃方面，在結果上是有所偏頗的 (Portes, 1973)。

在國內，楊、瞿（民60）二氏的研究也先後發現個人的宗教信仰、居住地、性別以及父母親教育程度對個人現代化的影響，我們多年來也從田野調查中，發現了年齡、性別、宗教、大眾傳播、社經地位、本人教育程度、父母教育程度對個人現代性的影響力。前一計劃側重大學生的研究，而後一計劃則把範圍擴充到不同社會的各階層人士。本文想利用後一計劃中三個社區的資料來探討以及澄清兩個問題：(1) 影響個人現代性的因素有那些？是否有純淨的影響？(2) 和個人現代性有關的因素有那些？它們在現代化過程中的意義是什麼？

第一個問題所指的是一些明顯地影響個人現代性的因素，例如父母的教育程度、性別、年齡、本人教育程度、社區環境等。第二個問題所包括的是一些具體的行為變數，這些變數與個人現代性可能有顯著的相關，但是它們之間的因果關係並不明確。

二　研究區域及研究變項

我們選擇了三個地區做為比較研究的對象：關渡、萬華，與民生東路新社區。這三個社區各有其特點，我們願做一次重點式的介紹。

(1) 關渡：傳統的郊區農村

早期，關渡只有水路交通，靠淡水與基隆河可以通淡水鎮、大稻埕、萬華、松山、汐止諸地，雖然是一個抽稅的關卡，居民主要仍以

農、漁爲業。後來，水路日漸淤塞，鐵路、公路、市公車都先後通車，不但與臺北市的距離越來越近，而且受臺北市的影響越來越大。

由於靠近淡水下游及仙渡平原，關渡居民多半非農卽漁，一直到近幾年，因河水污染，仙渡爲海水倒灌，農漁都受到很大的威脅，作小商人及去工廠工作的人正逐漸增加中。教育程度雖然有改善的趨勢，各有大學男女學生十餘人，一般仍然很低。宗族組織似乎一向就很鬆懈，黃、林、陳是三個較大的姓，但同姓間關係很淡薄，也沒有任何有形的宗族組織。家庭倒保有相當濃厚的傳統特質，如平均人口多，依賴程度較高等。宗教活動十分頻繁，有媽祖宮、玉女宮、黃帝神宮三間大廟，另外還有有應公、土地公等地方性的小廟。

一般來說，關渡是一個由傳統的農村移民社會，過渡到現在的形態。現在的形態是：農、漁業在走下坡路，工人快速增加，象徵職業結構有了改變；對外溝通及人際關係有很大的轉變，如初級羣體活動減少，次級羣體活動增加等；對臺北的依賴性增加，不僅表現在勞動力上，也表現在商業行爲上；臺北市民遷往關渡，更加深了這個社區的異質文化程度，並加速了它的進一步發展。

(2) 萬華：傳統的都市社區

萬華與關渡差不多同時由漢人移殖，但萬華一開始就是以都市形態出現，這是一種基本的差異。在開始時，萬華只是淡水河邊的一個小商業區；由於對大陸貿易的增加，漸漸發展成爲北部商業重鎮，盛極一時；又由於淡水河淤塞，及其他許多原因，到目前已衰落爲臺北市的落後地區。這就是它的發展過程。

由於萬華是一個古老的商業社區，很早就開始了職業的分化，卽專業化程度比較高，比如早期的船頭行、木材業、金紙店等，現在的印刷業、雜貨店、醫院等；教育程度比以前提高了些，也較爲普遍，

但有一點不同，早期有成就的知識分子住在萬華，現在的卻多半搬出去了；宗族組織比較嚴密，主要是黃、林、吳三姓的影響力特別大，現在內部結合差些，但還是有宗親會一類的團體；家庭也相當傳統，不但平均人口高，觀念也很保守；宗教活動也是以民間信仰爲主，社區內大廟林立，如龍山寺、青山宮、祖師廟，還有二十多間小廟，而龍山寺已發展爲國際觀光事業的廟了。

顯然，萬華是傳統的另一型態；高度的專業化傾向；較嚴密的宗族組織，彈性較大的宗親會；人羣的初級與次級關係幾乎同時發展，一直保留到現代；從臺北市的商業中心而淪爲城市邊緣地區，這是始料所不及的。

(3) 民生東路：新的都市住宅區

這個住宅區，五十七年才有人遷入，目前是五一二戶，除大部份爲中央公務員外，小部份爲生意人。

這個社區居民的職業不但專業化程度更高，職位也相當高，而且多半屬於白領階級；教育程度比前兩個社區要高得多；可是，除了一個有名無實的社區組織外，沒有宗族組織，家庭形式也比較接近現代；社區性的宗教活動根本沒有，而且不是以民間信仰爲主，無宗教信仰的佔多數。

這是一個現代化社區，也可以說完全是都市化下的產物，一切都在計劃下進行，那種經濟條件的人可以搬進去，佔多大面積；道路、公車、公共設施，全有適當的控制。原則上它是一個有異於傳統的現代社區。

在我們個別了解三個不同社區的特質後，可以進一步比較表1的一點簡略數字與說明。

表 1　三個社區的比較說明

	關　渡	萬　華	民　東	附　註
(1) 社區主要特性	傳統郊區農漁村	傳統都市商業區	現代都市住宅區	觀察所得資料
(2) 主要語言	閩南	閩南	國語	
(3) 職　　業	工人44.7％，買賣業23.2％，農漁22.4％	工人25.7％，買賣業49.3％，白領階級23.1％	主要為公教人員	
(4) 教　　育	初中以上29.12％	初中以上54.07％	初中以上95.18％	
(5) 宗族組織	有三大姓，但組織鬆懈	有三大姓，宗族組織較強，目前已式微	無	萬華原有的姓氏組織已改變為宗親會型態
(6) 家庭形式	主幹家庭25％	主幹家庭32.24％	——	
(7) 每戶平均人口	6.31（實際平均數）	7.17（樣本平均數）	5.08（實際平均數）	
(8) 宗教信仰	全部為民間信仰	民間信仰91.39％，基督教1.5％，天主教1.12％	民間信仰26.64％，基督教21.10％，天主教5.53％，無信仰41.52％	

　　從上述三個不同類型社區的多種比較，顯示了它們某些基本上的特點及其差異的程度。有了這些基本的認識，我們就可以進一步來討論與這些因素若干相關的問題，本文的重點將在這個背景裏來討論個人社會態度的變遷。

三　依變項及其測量

　　本研究的依變項是個人社會態度的現代化程度。原先，我們分成六個量表來研究，也就是想從宗教、政治、經濟、成就、道德及家庭等六項態度來瞭解，但經過調查後，發現六個分量表之間的相關很高，與自變項的關係也非常相似，因此，我們這一次是以整個量表的總和作爲分析的根據。

　　這個態度量表主要是儘量窮盡上述六方面中有關傳統與現代的想法來編製的。同時，把文句儘量簡單化，使得教育程度最低的成人都能懂。現在將整個編製及修訂過程簡述如後：

　　在關渡研究計劃中，我們就以上述想法擬出有關題目三百多項，經詳細逐題討論後，選出一百九十八題作爲最初調查用的題目。在關渡首次施測後，我們經由項目分析選出了一百零六題。根據這一百零六題，我們再加以增減修改，得到一百一十七題目，是萬華計劃用的量表，在萬華施測後，再經第二度的項目分析，選出了其中有辨別力的題目九十七題，這九十七題也是民生東路計劃用的量表經過再一度的修訂，選出了八十六個題目。由於量表的一直修訂，每一次施測用的量表都不是完全相同的。於是，在作三個社區的比較分析時，我們選出了其中三十八個題目來作分析，這三十八題目是每次施測都有的題目，同時也都是有辨別力的。我們也就用這三十八題的分數代表每

個人社會態度現代化的程度。

在信度方面，萬華用量表的折半後度是 .97，民生東路用量表的折半後度 .95。內部的一致性是非常高的。

在施測方式上，關渡、萬華兩區都是由臺大社會系、心理系高年級同學親往各戶實際施測，民生東路社區則採用郵寄法予以調查。

四　結果與討論

（一）影響個人現代性的因素

本文將分別討論各單一因素對個人現代性的影響，其次，就可能的範圍內討論兩個或三個因素和個人現代性之間的關係。最後，作者嘗試用複相關法來分析這一個問題。

　1. 單一因素與個人現代性的關係

本研究發現個人的年齡、教育程度、社區、宗教信仰對個人現代性都有顯著的影響（$F_A = 48.49$, $p < .001$; $r = .56$, $p < .001$; $F = 109.38$, $p < .001$; $r = .45$, $p < .001$）而父、母的教育程度和個人的現代性呈正的顯著相關（$r = .44$, $p < .001$; $r = .20$, $p < .001$）。在性別上，個人現代性並無差異（$t = 1.88$, $p > .01$）。

由於這些因素對個人的現代性的影響並不單純，彼此之間又有着相當程度的關係，因此作者認爲單次元的分析只能幫助作初步澄清的工作，並不能就這些結果加以過多的解釋與引伸，本文對這個問題的重點是在下面兩種方式的分析。

　2. 多次元的分析

（1）社區、年齡兩變項對個人現代性的影響

　　由於性別的差異不大，宗教分類所得樣本大小極不一致，父、母教育程度分類後各副樣本人數太少。因此我們僅就資料容許的範圍內來分析個人教育程度、年齡、和社區三者之間的關係，爲說明清晰起見，本文準備以圖表爲主來加以分析。

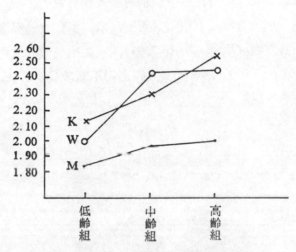

圖 3　社區、年齡對個人現代性的影響

　　從社區和年齡兩個因素來看，我們發現年齡的主效應確實具有統計顯著性 ($F = 76.33$, $p < .001$)，同時社區之間的差異也十分明顯（$F = 134.67$, $p < .001$）。從圖 3，我們可以看出三個年齡組的得分是有差異的，高齡組的得分高於中齡組，而中齡組的得分又高於低齡組。在社區方面，我們發現民生東路的各組得分都低於另外兩個社區的相對組，不過這中間有兩個因子的交互作用存在 ($F = 11.17$, $p < .001$)，這主要是由於關渡萬華兩樣本中在中齡組的差異方向恰好與另兩組相反，也就是在低齡組及高齡組，關渡樣本的得分均高於萬華的樣本，而在中齡組，關渡的卻比萬華的低。除了量表本身可能不夠精良外，

造成這種情形的原因可能是萬華的中年人比關渡的傳統包袱要大一些，例如從表 1 我們可看出萬華的宗族組織較強，主幹家庭也多，再加上萬華以前是一個文化中心，這些現象都多少說明了萬華居民趨於傳統的一些原因，但這種說法還有待進一步的探討。

(2) 社區、個人教育程度兩變項對個人現代性的影響

就社區及以教育程度兩個因素而論，個人現代化的程度也確實不只因社區而有差別（$F = 6.19$, $p < .01$），同時也受個人教育程度的影響（$F = 3.20$, $p < .01$）。兩者的交互作用卻不顯著（$F = 0.4$, $p > 0.1$）。現在就圖 4 作一說明。

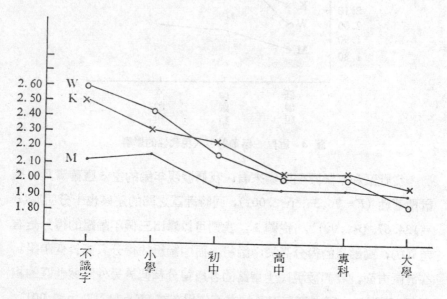

圖 4　社區、教育程度對個人現代性的影響

在圖中，我們首先可以看出在每一個社區的樣本中，教育程度愈高的在量表得分上愈低，除了民生東路樣本中不識字的受試者得分略

低於小學的受試者，這一現象可能是樣本太小所造成的，民生東路不識字的受試者僅有六人。其次，在高中以下的隨教育程度增高而遞減其得分較為明顯，卽曲線下降較快，而在高中以上的下降甚為平緩，也就是說個人現代化的程度極可能在高中時已到達了最高點，此後的增加較少。就社區一因素作考慮時，在上圖中，我們可以看出關渡與萬華兩組的情形較為接近，同時有交錯的現象，而民生東路的多低於這兩組。在初中以下的，三個社區的差異較為明顯，但在高中與專科兩組，民生東路的得分低於另兩組，同時後兩組十分接近。大學程度的三個社區組得分相彷彿。總歸以上的分析，可看出卽使是相同的教育程度，但由於所居住社區的不同仍然會有不同的社會態度的，這種差異在高中以下的各組來說尤其明顯。另外，由於教育程度超過高中以後社區的差異就小得多了。這說明了教育程度的增高雖使每個社區的人現代化程度提高，同時在高中以前這種提高的效率很大，但是社區環境仍然是一個影響的因素，這個因素也只有在教育程度提高到高中以上後才逐漸消失了它的影響力。

(3) 教育程度、年齡兩變項對個人現代性的影響

再就教育程度和年齡的因素來討論時，各因素的主效應也都非常明顯（教育程度：$F = 52.72$, $p < .001$；年齡：$F = 14.57$, $p < .001$），而其間的交互作用都不顯著（$F = .91$, $p > .01$）。各組資料如圖 5 。

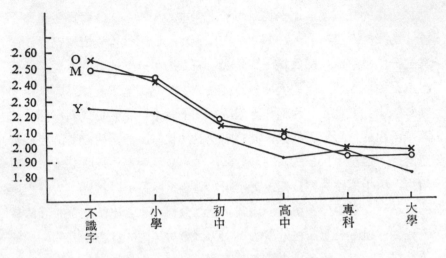

圖 5　教育程度、年齡對個人現代性的影響

　　首先，可明顯地發現，各年齡組的受試者都隨教育程度的昇高而
遞減其在態度量表上的得分。這說明了在同一個年齡層次上，由於教
育程度的不同，受試者的態度也不相同。另外，就同一種教育程度來
看，我們也清楚地發現，低齡組在量表得分上，除了專科程度的三組
得分十分相近外，都比高齡組及中齡組低得很多，而高齡組與中齡組
的得分十分相近，幾乎並沒有什麼差異。從上圖我們可以肯定教育對
個人現代化的影響，同時也澄清了年齡本身的影響。

　　(4) 社區、年齡、教育程度三變項對個人現代性的影響

　　若就各社區樣本內來討論年齡和教育程度的關係，由於樣本分佈
的不均勻（在抽樣中未控制教育程度），在這裏我們只能繪製前面的
三個簡圖指出大致的情形。由於部份組別的樣本數不足五人，所得的
結果由於數字的不穩定而值得保留，若除去這些部份不算，可合併成
圖 6，從圖中我們至少可以指出下面幾點：

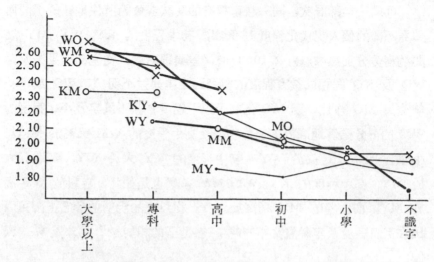

圖 6　社區、年齡、教育程度對個人現代性的影響

①就同一社區的情形來看，不同年齡之間即使在教育程度相同時，也會對個人的現代化程度有所影響，例如 KO, KM, KY ❶ 三組在小學程度上，KO 為 2.49, KM 為 2.33, KY 為 2.27，在 WO, WM, WY 三組在初中程度上，WO 為 2.37，WM 為 2.19, WY 為 2.10。質言之，在關渡的樣本裏，不識字的 KO, KM；小學程度的 KO, KM, KY 間均有顯著差異，在萬華的樣本裏，初中程度的 WO, WM, WY 以及高中程度的 WM, WY 之間有明顯差異，而小學程度的 WO, WM, WY 雖有差異，但 WM 卻高於 WO，另不識字的 WO 及 WM 差異甚小，在民生東路的樣本中，MO 與 MM 十分接近，差異很小，初中程度的 MM, MY；高中程度的 MO, MM, MY 之間的差異較大，而專科及大學程度的 MO, MM, MY 之間的差異甚微。

────────

❶　各字母所代表的意義是：　K: 關渡，W: 萬華，M: 民東；O: 高齡組，M: 中齡組，Y: 低齡組。

　　②同一年齡層次，同一教育程度的受試者會因所住地區的不同而具有不同的個人現代化程度。例如，初中程度的 KY, WY, MY 之間的得分分別為 2.19, 2.10, 1.87，差異很明顯，從全部結果來看，WO 及 KO 間相同教育程度的組列間之差異並不明顯，WO 或 KO 無法與 MO 作比，因 MO 無初中以下程度者。不識字及小學程度的 WM 的得分顯著地高於 KM；初中及高中程度的 WM 又高於 MM。小學程度的 KY 高於 WY，初中程度的 KY 大於 WY, WY 又大於 MY，高中程度的 KY, WY, MY 差異也是如此，專科的 WY 高於 MY，而大學的 MY 卻高於 WY。從以上的說明並參看上圖可看出在教育程度及年齡層次相同時，各社區的相對樣本得分是有差異的。

　　③在相同的年齡層次和相同的社區裏，教育程度仍具有主要的影響力，除 MY，各組得分並未有一致的下降現象外，其餘各組（即圖中其餘八條線）均有明顯的下降趨勢。

　　以上的分析只是一種嘗試，由於資料的難於正對，並沒能完全澄清三個變數對個人態度的關係，不過作者相信以上的說明已大致地指出了重要的趨勢。

　3. 複相關的分析

　　為了瞭解各個獨立變項如何聯合起來對個人態度發生影響，本文作者試圖運用複相關的分析來說明這種現象，起先，我們想把所有的自變項都放進到複相關的分析模式裏。結果我們得到的複相關係數為 $R = .64$ ($F = 72.38$, $p < .001$)，也就是說根據這四項因素我們可以判斷個人現代化程度的 40.83%，這是一個很令人滿意的結果。進一步，我們利用各項資料，求得了下列的迴歸方程式：

$$X_1' = .11x_2 + .18x_3 + .09x_4 - .01x_6 + .05x_7 + 1.09$$

　　其中父、母教育程度均爲壓縮變項，前者迴歸係數爲 0（即 x_5），後者爲負（即 x_6），其餘各項即社區（x_2），年齡（x_3），本人教育程度（x_4），宗教信仰（x_7）均對個人現代性有顯著的純淨影響。

　　以上，本文費了許多筆墨澄清了社區、年齡、個人教育程度對個人現代化程度的純淨影響，也指出了父母教育程度、宗教信仰類別造成的差異，不過，限於樣本及研究的策略，本文的結果是值得作相當程度的保留的。現就各自變項與依變項之間的關係作如下的討論。

　　(1) 教育程度的因素：研究個人現代化的學者們（例如 Doob 1960；Inkeles 1969；Dawson 1971；Armer & Youtz 1971）都一再指出教育不僅是訓練人的謀生能力，灌輸新的知識，同時還是將社會價值傳給受教者的一個重要途徑，在一個現代化教育機構裏受教育的人，往往不知不覺中就學得了許多新的價值觀念，對事務的看法也有別於不曾受過教育的。本研究所發現的結果，也與這種說法相吻合，同時，我們也更進一步地指出了在社區、年齡兩個因素被控制下，教育程度仍然有其影響力。另外，本文也指出高中以下的各組受試者，隨教育程度增高而遞減其量表得分的情形十分明顯，而高中以後，這種變化就緩慢多了，這說明了，高中以下的各教育機構對個人現代化的影響是很重要的。雖然本文只就教育程度的高低著手分析，我們相信，教育的內容也是相當重要的因素，這還有待於以後的研究來予以澄清。

　　(2) 年齡的因素：年齡和個人現代化的關係，初看起來是一個很簡單而實際上卻很複雜而難以有圓滿的解析。就本研究的結果來看，我們發現了年齡有單次元的影響，也發現了在其他因素，諸如社區、教育程度等情況相同時，年齡仍然有純淨的影響力，造成這種影響的原因，筆者認爲至少有下列兩個理由：一是由社會化本身及其情境所

造成的。二是個人發展上的原因。關於第一點，筆者發現，我們劃分年齡組的年代，正好與臺灣社會的三個現代化階段有關係，1926 年以前出生的人（即四十五歲以上的高齡組）正處於現代化的初期，尤其是本省籍的，在這些人入學時，正是臺灣開始在日本殖民政府統治下推行小學教育的時候（在 1907 年左右，萬華、關渡各小學才先後成立）。也就是說，這些人不是受新式教育的薰陶，就是受日本小學教育的影響。再加上當時社會現代化的程度與後來的不同，性質也不一樣，養育這些人的人是一批更傳統傾向的中國人，因此會使得高齡組的人在個人現代化程度上偏低。民生東路的樣本雖不能和關渡和萬華的相提並論，但是仍然具有這種程度，不過由於該社區是以中央公教人員為主，他們所受的教育較高，出身也不相同，因此在得分上的差異也不那麼大。其次中齡組的人出生時間在 1927-1942 年之間，所處的時代是日本人統治晚期，這時的現代化又和早期不同，而在中國大陸，這個時期的現代化情形也不像清末民初那樣了。再其次，1943 年以後出生的人，全都是在光復後成長的，教育的情境不同，社會現代化的狀況也與前二者大不相同。由於教育程度的普遍提高，經濟的快速發展，大眾傳播的廣大影響，在這個時期成長的人，在接觸現代文化時，自然就既廣且深了。同時再加上早期社會化與晚期社會化的不同 (Brim, Jr. 1966)，雖然高、中、低三個年齡組個人現代化程度都在變，但是前兩者究竟不如後者快。

其次，在個人發展上，許多學者 (Brim, Jr. 1966) 都發現年輕人較為急進，年紀大的人都趨向於保守，或說前者富理想主義色彩，而後者重現實主義。這自然也就成了年齡影響現代化程度的一個原因。在 Portes 的研究中，他發現年齡的影響並無意義，仔細審閱他所用的量表的題目，我們發現在十七題中，有關人口或生育問題的就

有九題，用這一方面的問題來代表個人現代性，顯然是不妥當的。年齡因素對這些項目是不會有差別的，因為他的樣本包括二十歲以下的年輕人，這些人可能還沒考慮到生育的問題，所得的相關係數是頗成問題的。

（3）社區的因素：雖然我們所選的三個社區都屬於臺北市，但由於各社區的環境及社會文化背景相去甚遠，因此社區本身仍然是影響個人現代化的重要因素。這大致是由於各社區具有不同的歷史發展、文化背景，與外界接觸的情況、人口組成分子、社區氣氛所造成的總的影響。這項因素所以會造成個人現代性的差異，從表一也粗略可看出其中的意義。Inkeles, Kahl, Armer, Portes, 瞿等人的研究也都一直強調居住城市經驗對個人現代性的重要，在這方面的說法似已成定論，我們在這裏沒有專注於都市居住經驗的探討，但截然不同的三個社區（農村、老市區、都市內住宅區），也正好做為這一個變數的良好指標。

（4）父親教育程度：這個因素會因為父親是社會化的主要執行者而影響到個人的現代化程度，但是由於父子間教育程度的相關很高 $r = .53$ （$p < .001$），使得這個因素對個人現代化程度的純淨影響等於零。

（5）母親的教育程度：母親透過社會化的執行而影響到子女的現代化態度，但是到目前為止，我們僅知道它與個人現代性有零序相關。這個因素是一個壓縮變項，在作迴歸分析時，它的迴歸係數接近於零且為負值（$-.08$）。

在 Portes 的研究裏，他發現父母的教育程度、職業和出生地與個人現代性呈零序相關，然而在作迴歸分析時，卻無顯著性。這說明了，這些變項在表面上有影響，但由於它們與其他變項間的關係很密

切，於是他們對個人現代性的純淨影響就不明顯了。

Portes 的這項發現也正好與我們研究所得不謀而合。

(6) 宗教信仰類別：瞿（民 60）發現個人現代化程度會因宗教信仰類別的不同而有顯著的差異，本研究也發現了相類似的結果。一般而言，個人現代化程度的高低次序是無信仰者、基督教徒、天主教徒、民間信仰者。筆者認為造成這種差異的原因是：如果其他的因素相同，宗教信仰之所以造成對個人現代化程度的影響，乃是由於不同的信仰使得個人對現代化採取不同程度的接納。民間信仰者在許多事情上都訴諸於神明，也常藉這種方式來適應現代的生活，相對的對現代文化的接受性就偏低了。基督教徒和天主教徒也略微帶有這種傾向，而無信仰者就得將個人完全曝露在現代化的影響及壓力下。這是一個初步的討論，多少可以幫助我們澄清一下宗教信仰和個人現代化的關係。

（二）與個人現代化程度有關的因素

以下，本文準備就一些和個人現代化程度有關的因素作討論，這些因素包括：1. 宗教行為，實際的崇拜及祭祀行為，如進廟參拜等；2. 政治行為，例如選舉行為及參加里民大會的情形；3. 一般時事知識；4. 經濟行為，包括社經地位、房地產之有無及買賣、支出計畫等；5. 家庭關係，例如理想的家庭形式、家庭人數、家庭方式等。

各項因素都是由問卷施測所得。由於本研究一直是在探索的階段，因此每一社區用的問卷除了基本資料外，都不相同，現在我們要報告的結果都是單一社區研究的發現，筆者不準備同時也無法作社區間的比較。不過，各項發現都清晰地證實或澄清了這些因素與個人現代化程度之間的關係，這也就可以作為以後類似研究的開路工作了。

現在依上列各項因素的次序逐一說明並討論所得到的結果。

1. 宗教行為

除了宗教信仰類別會影響到個人的現代化程度，已如本文前節所論述以外，本文作者先後在關渡及萬華的研究中，也發現了實際的宗教行為和個人現代化程度有密切的關係。為說明方便起見，我們把結果繪製成下列各圖。

就個人燒香次數與個人現代化程度的關係來看，萬華的研究發現，次數不同者在個人現代化的程度上也有顯著的不同（$F=12.55$, $p<.001$）。也就是說，燒香次數愈多的，個人現代化程度愈低。其中，初一、十五或有事就去廟裏燒香禮拜的人在得分上十分接近，雖然如此，我們仍然可看出兩個變項間的關係。其次，就拜廟數目而論，本研究也發現拜廟的數目愈多，個人現代化程度也愈低（$F=4.86$, $p<.001$），從圖 7 中可看出這種明顯的趨勢。由這兩種具體的宗教行為和個人現代化程度的關係，我們可以瞭解傳統的民間信仰和現代化之間的關係是很特殊的。這種宗教行為往往是出於個人自願或需要，或是順從傳統的習俗。行為的次數愈多，這種情況就愈明顯。憑藉這種行為去適應現代生活的情境就造成了個人現代化程度的偏低了。

2. 政治行為

在政治行為方面，我們選取了個人投票頻率和出席里民大會次數來討論這個因素和個人現代化程度的關係，從結果發現，投票頻率愈高的，個人現代化程度愈低（$F=11.39$, $p<.001$）；出席里民大會次數愈多的，個人現代化程度也愈低（$F=4.45$, $p<.01$）（如圖 8）。這是很耐人尋味和深思的。照一般的看法，政治現代化的特質之一在於增加個人的政治參與，而萬華的結果正好相反，政治參與愈多的，現代化程度愈低；不參加投票、不出席里民大會的卻在現代化程度上

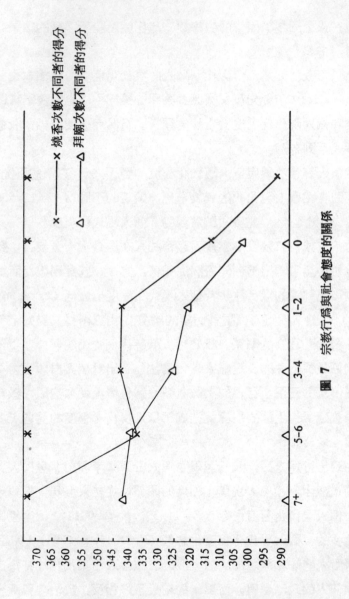

圖 7 宗教行為與社會態度的關係

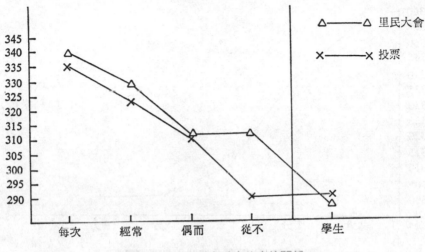

圖 8　政治行為與社會態度的關係

較高。據鄉文海的研究（民59）發現，龍山區（即萬華）歷次投票率在全臺北市都是最高，因此益發顯出政治參與問題的癥結了，所以造成這種趨勢的原因，可能是民主政治的眞諦還不爲一般民眾所瞭解，同時他們卻由於其他的原因而參與這一類的政治活動，例如，由於親戚、朋友的關係，才去投票和開會。

3. 一般時事知識

在問卷裏，我們出了一般時事知識的測驗題四題，其中有五分之一以上的受試者連一題都沒有答對。而這項測驗的分數和個人現代化程度呈正向關係，也就是時事測驗得分愈高的人，現代化程度也愈高（$F = 24.86$, $p < .001$）。結果如圖 9：

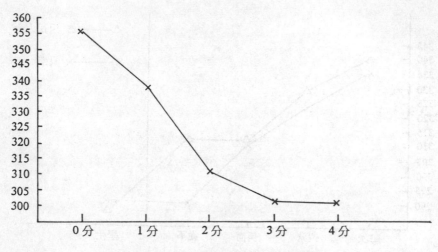

圖 9 時事知識得分與社會態度的關係

　　按 Lerner (1958), Inkeles (1968) 等人的研究，把一般知識 (general information) 當作個人現代化程度的一項重要指標。我們這一次研究和關渡的研究也證實了這一點。因此個人對所處社會及當前世界情勢的瞭解，是個人現代化重要特徵之一。一個不瞭解一般時事知識的人，往往過的是一種封閉式的生活，表現在個人現代化程度也就偏低了。

　4. *經濟行為*

　　本研究共找出七個指標來探究經濟行為和個人現代化程度的關係，這七個指標是：(1) 社經地位 (SES)，(2) 職業，(3) 支出計畫，(4) 有無房地產，(5) 房地產買賣，(6) 居住地坪數，(7) 買獎券情形。現依次說明如下：

　　(1) 我們根據家庭設備的情形，對每一位受試者的社經地位予以評分，評分標準是依吳聰賢（民61）的方法。結果我們發現 SES 和個

人現代化程度呈顯著的正相關 ($r = -.14$, $p < .01$)。這說明了，個人的 SES 愈高，現代化程度也愈高。

（2）就職業方面來看，我們從民生東路的樣本中，發現不同職業的受試者在個人現代程度上有着明顯的差異 ($F = 3.58$, $p < .001$)，除學生的現代化程度最高外，依序為工業界人士、教師、商人、公務人員、軍人、家管、無職業者、自由業。這種職業所造成的差異是可理解的：職業的不同，接觸現代化的機會也不相同；職業本身性質的不同，也會有不同的現代化程度。

（3）支出計畫：　在民生東路的樣本中，　我們發現有詳細支出計畫的受試者的個人現代化程度，顯著地低於有概略計畫者 ($t = 2.88$, $p < .01$)，而有概略計畫者又低於無計畫者 ($t = 3.04$, $p < .001$)。造成這種現象的原因，可能是學生都沒有家庭的支出，使得沒支出計畫的分數降低，而昇高了個人現代化的程度。所以這項結果有待保留。

（4）房地產的有無：這項調查結果，由於大多數填寫沒有房地產的為低齡組的受試者，　雖然經統計檢定在態度量表上有差異 ($F = 6.40$, $p < .001$)，但並不足以說明兩個變數間的真實關係。

（5）房地產的買賣：此項結果與第四項相同，統計檢定有顯著差異 ($F = 6.22$, $p < .001$)，卻不足以澄清與個人現代化程度的關係。

（6）居住地的坪數：民生東路的資料顯示，居住地的坪數與態度量表呈 .12 的相關，此種相關並不顯著 ($p > .05$)。居住地空間的大小，可能與個人現代化程度無關，也可能是由於民生東路公教社區所住公寓坪數相差不多所造成的。在萬華的樣本中，我們得到 $-.18$ 的顯著相關 ($p < .01$)，　這也就是由於萬華居民住屋大小變異性較大所造成的。

（7）買獎券的情形：買獎券是一種僥倖求取財富的行為，和主動

追求成就的現代化精神不同，尤其是那些經常買或每期必買的人。從民生東路的資料中，我們發現買獎券次數愈多的人，個人現代化程度愈低，這項差異具有統計顯著性（$F = 3.68$, $p < .01$），各組得分情形如圖10。

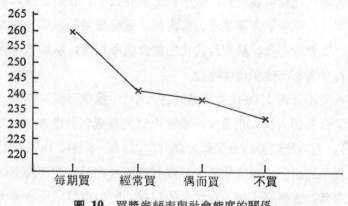

圖 10 買獎券頻率與社會態度的關係

從以上有關經濟狀況及經濟行為與個人現代化程度兩者關係的分析，我們發現，個人現代化程度和個人所從事的職業有關，與個人的社經地位也有正向的關係，而心存僥倖的買獎券行為正好與我們預期相同，即與個人現代化程度成反向的關係。有關房地產以及居住大小，支出計劃等，由於資料處理之困難，還沒澄清這些狀況和個人現代化程度的關係。

5. 家庭關係

在家庭關係方面，我們著重下列七個指標與個人現代化程度的關係：（1）家庭人數，（2）理想的家庭形式，（3）管教態度，（4）要求尊敬長輩的程度，（5）要求小孩聽話的程度，（6）敍述孝的故事的頻度，（7）已婚兒女是否與父母同住。現在分別論述各項結果如下。

(1) 家庭人數：根據萬華調查所得資料，隨家庭人數的增加得分也漸增，但差異非常小，沒有統計的顯著性 ($F = .87$, $p > .05$)。也就是說，家庭人數的多寡和個人現代化程度並沒有顯著的關係。這一發現和瞿（民60）的研究結果相近，即家庭形式的大小和個人現代化程度無關。這個情形可能是由於家庭人數多的居民非常少的緣故（按萬華的樣本中，家庭人數在七人以上的僅有三十九戶）。同時若只是考慮家庭人數，往往會太過於粗略而疏忽了「家庭」的眞正意義。

(2) 理想的家庭形式：在萬華的調查中，我們發現選擇不同理想家庭形式的受試者，在態度量表上的得分有顯著的差異 ($F = 22.35$, $p < .001$)，選取大家庭的得分爲 343.86，選小家庭的得分爲 304.77，選其他形式的得分則爲 325.47。這說明了個人理想家庭形式若有不同，現代化程度也就不同了。在現代化過程中，核心家庭普遍受到歡迎，不過在萬華仍然有 28 % 的人以大家庭❷爲理想的形式，19 % 的人以折衷家庭爲理想的形式，而以小家庭爲理想形式的僅佔 53%。雖然，這一個問題側重於個人的態度，但透過這項結果，使我們瞭解到它和個人現代化程度之間的關係。

(3) 管教態度：在這裏我們利用兩個題目來分析對小孩的不同管教態度，是否和個人現代化程度有關。我們發現，主張管教從嚴的受試者在量表得分上最高，其次爲主張從寬的，而主張不寬不嚴的得分最低（見圖11）。這種差異具統計顯著性 ($F = 5.76$, $p < .01$)。就對小孩行爲的期望來看，我們發現認爲小孩應該「聽話」者，在個人現代化程度上最低，而希望小孩子「有主張」的次高，最希望小孩子「活潑」的，個人現代化程度最高 ($F = 8.76$, $p < .001$)。這兩項資料指

❷　大家庭、小家庭等是問卷中的用詞，這樣的分類是爲了利於受訪者的了解。

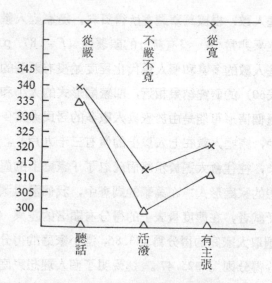

圖 11 管教態度與社會態度的關係

出了，在變遷中的臺灣社會，在管教態度上有相當的變異。這項變異又和個人現代化程度有密切的關係。其中還值得一提的是有37%的受試者主張小孩子應該聽話，而不選擇其他兩項為小孩子行為的期望準則。也就是在管教方面，還有三分之一以上的人有濃重的傳統傾向。

（4）要求尊敬長輩的程度：在民生東路的研究裏，我們企圖從問卷瞭解父母是否經常要求小孩尊敬長輩，以及受試者是否經常被作此要求。所得結果如圖12。

雖然父母要求的程度不同時，造成個人現代化程度的差異，這項差異卻無統計顯著性（$F = 1.27$, $p > .05$），同時，要求小孩尊敬長輩程度高的人，在個人現代化的程度也不一定高（$F = 2.72$, $p > .05$）。造成這種差異甚少的原因，大致有二：①問卷的問題，題目本身出得不妥當，或這種行為層次的問題，不適用問卷法去測量；②未作答的

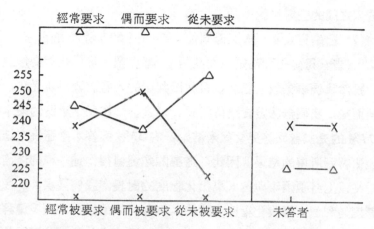

圖 12　要求與被要求尊敬長輩之程度和社會態度的關係

人數很多，這是由於許多低齡組的人沒有小孩，而高齡組的人因父母不在，拒絕作答。

(5) 要求小孩聽話的程度：要求小孩聽話的程度和個人現代化程度無關 ($F = 2.93$, $p > .05$)，是否經常被要求聽話也和個人現代化程度無關 ($F - 2.58$, $p > .05$)。這項結果之所以不顯著，原因可能與第四項相同。

(6) 講「孝」故事的頻度：本研究發現，父母講孝的故事愈多的，個人現代化程度愈低 ($F = 66.42$, $p < .001$)，而是否經常從父母那裏聽到孝的故事，卻和個人現代化程度無關 ($F = .02$, $p > .05$)。這兩個結果初看起來很矛盾，但是，由於相對樣本的不同，即前者多半是中齡組，高齡組的人，後者多是低齡組的人，兩個結果的意義並不相同。同時我們認為一種是主動地講，一種是被動的聽，所造成的效果自有不同，主動講的人應該是更尊重「孝」這項道德價值，因而造成較顯著的差異，而被動聽的人卻不一定受到這些故事的影響，頻度不

同的人之間的差異也就小了。

(7) 已婚兒女是否與父母同住：不論兒女結婚後是否跟父母同住，或者父母是否和已婚兒女共居，都和個人現代化程度無顯著關係。雖然我們事先假設已婚後與父母共居的人應該較不現代化，但就資料而論，我們無法證實這個假設。事實上，在民生東路的樣本中，有 77% 的受試者回答兒女尚未結婚，有 33% 回答本身還沒有結婚，這也影響到所得的結果。因此，這項問題還值得作進一步的澄清。

從以上各項因素與個人現代化程度的討論，我們發現，許多行為和態度是和個人現代化程度有關的，例如拜廟的數目、燒香禮拜的次數、投票行為、出席里民大會的情形、一般時事知識、社經地位、職業、買獎券的情形、居住地的坪數、理想的家庭形式、管教態度、講述孝的故事的頻度等等。但也有一些行為或態度與個人現代化程度無關，例如支出計畫、房地產、家庭人數、要求尊敬長輩的程度、要求小孩聽話的程度。這些結果除了研究方法和工具本身需作進一步改善而作更有效地探討以外，已經可以讓我們約略地看出，現代化對個人的影響是多方面的，反過來，若干個人的狀況和行為也可能影響到個人對現代化接受的程度。

五 結 論

研究個人現代化的學者們主要想探究的問題有四個，即，(1) 究竟個人現代化的心理建構是否存在？(2) 假若這種心理建構確實存在，它具有那些特性？(3) 它和個人的人格與行為有什麼關聯？(4) 個人現代化程度和社會現代化或經濟發展的關係如何？(Kahl, 1968, Portes, 1973)

　　關於第一、二兩個問題，已有許多學者從事研究而得到了不少令人信服的證據，例如 Armer & Youtz (1971)，Portes (1973) 曾先後在不同地地區調查，並用因素分析，找出了個人現代化程度的因素，而 Kahl (1968)，Inkeles (1969)，Dawson (1971)，瞿 (民60) 等人的研究，也都說明了這項個人現代性的存在。同時 Portes 更進一步說明，從整個來看，有一個共同的因素存在，這是單次元的 (uni-dimensional)，若再進一步分析時，卻又可發現個人現代性蘊含有幾種特殊的因素，例如忠於家庭的傾向、城市經驗、對家庭的數字大小的界定、宗教性、一般知識、生殖取向等六項。本研究在進行之初，一方面想把研究的對象擴充到各階層人士，另一方面也想嘗試尋求心理建構是否存在。根據本文前面所提出的結果，我們不難發現，從這項量表，確實找到了一些態度可作為個人現代化的指標。Kahl 和 Portes 認為教育和居住城市與否可作為個人現代化的有效（相關）指標，本研究也正好證實了這一點，即不同教育程度的人得分差異很顯著，社區間的差異也很明顯。其次，就個人現代化程度的單次元層次來看，本研究至少有一項資料可以幫助說明這個問題。最初我們是以六個副量表構成一個總量表來測個人現代化程度的，但是在關渡、萬華和民生東路三社區的研究中，我們一再發現每一個量表所測出的「不同」現代化程度和年齡、性別、教育程度、父母教育程度、職業、宗教、社區、甚或其他一些行為間的關係十分相似（瞿，民62），因此，大致說來，這六個量表所測的心理特質具有共同的特性。表面上雖分成宗教、家庭、政治、道德、經濟、成就，事實上有一種基本的個人現代化程度的心理建構在運作。本研究目前尚在繼續進行中，在以後的計劃裏，我們想針對這個問題用因素分析等方法予以深入的討論。

關於第三個問題，在楊、瞿（民62）的論文中，有大量的研究資料說明個人人格和個人現代化程度的關係，本文也曾經用五類行為來探討。以往美國學者的研究，多半以西方文化孕育出來的人格特質作為現代人人格的標準，但是每個國家的現代化情況不同，他們因現代化而產生的人格變遷，行為變異也並不能根據某些「先進」國家的典型來看，可是，某些制度的移殖和特殊的社會文化背景結合時，會造成一些特殊的現象。雖然我們不能否認，某些文化對許多國家的現代化是深具影響的。因此本研究結果發現宗教行為、政治行為、經濟狀況、家庭問題等都和個人現代性有密切的關係，其中有些關係很單純，例如宗教行為愈頻繁，現代性就愈低，但也有些關係很特殊，例如政治行為和現代性有着相反的關係，這是國內現代化過程中的特殊現象，也就是說現代化本身是一種復振運動，人們行為或人格的變異是不同於傳統的形式，但也不同於某些國外的狀況。也就是這些文化接觸後的特殊反應是影響現代化或發展的進行的重要因素。

至於第四個問題，這是引起很大關懷和爭論的問題之一，許多學者，包括 Lerner (1958), McClelland (1963, 1970), Inkeles (1969), Doob (1958), Kahl (1968), Fromm (1970) 在內，都認為個人現代化程度或某種特質的增強對國家現代化是很好的，也就是個人現代化程度愈高，或某一心理特徵愈強的話，國家的現代化或經濟發展就愈有利，然而 Guesfield (1967), Apter (1967), Bendix (1966) 以及 Portes (1973) 等卻持相反的看法，他們認為有些國家，例如日本及西歐的現代化，並不是先提高了個人現代化程度，而是在工業化的發展下，個人深受其影響，也就是經濟發展先於個人的現代化。Portes 更認為，一些發展中國家的人主要追求的是生活水準的提高，而不是遠程目標的經濟發展。這樣個人現代化往往成了經濟發展

的拖累。因此，我們對於個人現代性的處理必須特別謹慎，雖然個人現代化程度對現代化進行有好的幫助，但是它的負面卻也是我們不得不注意的。由於本文的研究不曾對這方面作深入的分析，對這個問題的討論只能就此打住。

　　最後，本研究發現，社區、年齡、教育程度和宗教對個人的影響很大，這幾個因子可決定個人現代化程度變異量的 40.83%，而父、母教育程度與個人現代化程度雖呈顯著的零序相關，但其迴歸係數卻為負或等於零。這個發現正好和 Portes 在 Gutanula 的發現相合，他發現將有關父親的因素計入複相關時，決定係數只不過增加了.01，也就是說，有關父親因素的影響不是純淨的。

參 考 書 目

文崇一、許嘉明、瞿海源、黃順二

　　民61　〈臺北關渡社區調查研究報告〉，《社區發展叢書》之 23，臺北：社區發展中心，民國 61 年。

楊國樞、瞿海源

　　民62　〈中國人的現代化〉，《中央研究院民族研究所集刊》37: 1–38。

鄒文海

　　民59　〈臺灣地方選舉之研究〉，《清華學報》新八卷第一、二期合刊，頁 426–475。

瞿海源

　　民62　〈社會態度的變遷：萬華的社會變遷研究之三〉，《中央研究院民族學研究所集刊》39: 57–83。

Armer, M. & R. Youtz

　　1971　Formal Education and Individual Modernity in an

African Society, *American Journal of Sociology* 76(4): 604-26.

Brim, Jr., O. G. & S. Wheeler

　1966 *Socialization After Childhood*. New York: John Wiley & Sons, Inc.

Doob, L. W.

　1960 *Becoming more Civilized: A Psychological Exploration*. New Haven: Yale University Press.

Dawson, J. L. M., H. Law, A. Leung, & R. E. Whitney.

　1971 Scaling Chinese Traditional-Modern Attitudes and the GSR Measurement of "Un-important" Versus "Un-important" Chinese Concepts, *Journal of Cross-Cultural Psychology* 2(1): 1-28.

Fromm, E., & M. Maccoby

　　Social Character in a Mexican Village. N. Y.: Prentice-Hall.

Gilmer, B. V. H.

　1970 *Psychology*. New York: Harper & Row.

Hoselitz, B. F.

　1960 *Sociological Aspects of Economic Growth*. New York: Free Press.

Inkeles. A.

　1969 Making-Men Modern: on the Causes and Consequences of Individual Change in Six Developing Countries, *American Journal of Sociology* 75: 208-25.

Kahl, J. A.

　1968 *The Measurement of Modernism*. Austin: University of

Texas Press.

Kandiyoti, D.

    1974　Some Social-Psychological Dimensions of Social Change in a Turkish Village, *The British Journal of Sociology* 25 (1): 47-62.

Lerner, D.

    1958　*The Passing of Traditional Society*. New York: Free Press.

Linton, R.

    1952　Cultural and Personality Factors Affecting Economic, *The Progress of Underdeveloped Areas* 73-88.

McClelland, D. C.

    1967　*The Achieving Society*. New York: Free Press.

Portes, A.

    1973　The Factorial Structure of Modernity: Empirical Replications and a Critique, *American Journal of Sociology* 79 (1): 15-44.

Rosen, B. C.

    1964　The Achievement Syndrome and Economic Growth in Brazil, *Social Forces* 42: 341-353.

Turner, J. H.

    1971　Patterns of Value Change During Economic Development: An Empirical Study, *Human Organization* 30(2): 126-136（本文有黃順二譯文，見《思與言》9卷6期）。

Weber, Max

    1967　*From Max Weber: Essays in Sociology* (tr. & ed. by H. H. Gerth & C. Wright Mills). N. Y.: Oxford.

地區間的價值差異

四個社區的比較分析

一 序言

工業發展，經濟成長，以及政治的民主化趨勢，會導致社會改變，或個人思想和行為的改變，這已是不爭的事實。所有先開發國家和後開發國家❶，都面臨了這個問題。由於文化的差異，每個國家起步有早晚，起步後的結果又有成敗之分，成敗也有程度上的不同。就是在同一個國家，同時進行工業化和民主化運動，地區上的差異也可能產生不同的結果。本研究就在於驗證，在推行工業化和民主政治的過程中，不同性質地區的居民，在價值觀念上，有些什麼轉變，轉變的程度與方向是什麼，有沒有形成不同的模式或類型。

針對這個假設，我們進行了一系列的社區研究，也花了相當長的時間。本文僅提出四個社區來作比較分析，以了解不同地區價值差異的情形。

通常的研究比較偏重於把現代化或價值變遷當作依變項，再從一些固定的自變項，如職業、教育程度、性別、大眾傳播等，來了解它

---

❶ 一般使用已開發國家和開發中國家，更早則用開發國家和落後國家為區別；我在這裏使用先後二字為時間形容詞，避免過多的價值判斷。

們間的關係。例如 Inkeles 強調教育和工廠經驗的重要性 (1974)；
Kahl 從家庭主義等幾對變項測度現代性的高低 (1968)；以大眾媒介
測量態度或價值的轉變則更多 (De Sola Pool 1963)；我們已經發表
的若干個別研究，如西河、萬華、岩村，也是就一些特定自變項，來
看現代化程度或價值變遷的高低（文崇一等，民64；瞿海源，民64；
民 65）； 有的比較研究， 則是不同地區變項間的分析（文崇一， 民
65）。McEwen (1975) 在 Bolivia 的研究，強調權力與結構方面的
分析，設計的構想與本研究相當接近，也是討論不同性質社區，在結
構功能上的不同變遷。McEwen 的實徵研究是在 1964 至 1966 年間
進行，分析報告於 1975 年出版。我們的研究始於民國 60 年 (1971)，
終於 63 年 (1974)。此處所用的資料僅為 61-63 年四個社區的研究，
60 年的資料，由於樣本不一致，未能在此作比較分析。McEwen 的
研究雖僅用到傳統的參與觀察和訪問的方法，但所要了解的方向，和
我們的相當一致。可是，我們在 66 年 (1977) 收到這本書時，才知道
遠在南美還有人作差不多同樣的研究，這也許可作為缺乏學術溝通之
一例吧。不過，本研究所提出來的分析報告，完全從量化程度着眼，
這是 McEwen 不曾討論的事項，他的設計也沒有從這方面着想。

二　研究設計與方法

本研究的基本假設有三個：

〔假設一〕：臺灣地區居民，雖然普遍受到工業文明的影響，但
由於社區性質的不同，接受影響的程度也不同，所以表現在價值變遷
上會有差異。

〔假設二〕：各社區的價值會有一致的趨向，這種一致性有兩種

方式，一種是社區間普遍的高或低，另一種是社區內的高或低。

〔假設三〕：各社區的價值可能可以歸納成幾種類型，即某些價值低些，另外一些又高些，這是由價值本身對人影響的重要程度所決定。

依據上述三個假設，理論上把價值分成六個範疇，也卽是從理論的層次把我國的價值體系分爲六類，卽：宗教、家庭、經濟、成就、政治、道德。這種六分法，最早始於 Spranger（董兆孚，民 56），但類別稍有差異，他的六類爲：理論的、經濟的、審美的、社會的、政治的、宗教的。後來有不少人用量表去測量它的高低，如 Allport（1960）、李美枝（民 61）等。Firth 也用過六分類，技術、經濟、道德、儀式、審美、社團（1951）。我也曾經用七分法去討論中國傳統價值（見前），幾經研討，乃決定用上述六類作爲測量這次價值變遷的工具。

我們旣然在理論上假定社區性質不同，會有不同的價值變遷，則社區特質爲必須考慮的重要事項，選擇社區完全根據主觀判斷，卽假定某類社區的價值變遷會快些，某類會慢些，依此而選定四類社區，卽農業社區，工業的農業社區，商業社區，都市住宅社區。在四類中各選一特定社區爲研究和測量對象，依研究之先後順序，依次爲：61年，商業社區萬華龍山區；62 年，農業社區大溪竹村；63 年，工業的農業社區岩村；63 年，公寓住宅社區民東村。從收集資料來說，前後相隔約三年，並非在同一時間完成。這四個社區，前三者在清中葉均已開發，可以說，具有較多的早期移民文化，並且都在大漢溪流域；後者是新開發的都市住宅區，本質上與前三者可能有些差異。

這四個社區的特質，可概略說明如表 2：

表 2   四個社區的特質

	甲、民東村	乙、龍山村	丙、岩 村	丁、竹 村
(1)社區主要特徵	現代都市住宅區	傳統都市商業區	工業的傳統農村	傳統的農村
(2)主要語言	國語	閩南語	閩南語	閩南語
(3)職業(%)	大部分爲公教人員（63年）	買賣業49，工人26，白領23（61年）	無業41，工人22，商12，服務11，農1.5（63年）	農42,工礦42,買賣 3.6（61年）
(4)教育程度	初中以上占95.18%（樣本數）	初中以上占54.07%（樣本數）	初中以上占28.75%（樣本數）	初中以上占15%，小學以下占85%（樣本數）
(5)宗族組織	無	三大姓，宗族組織較強，但已式微	六大姓，宗族內部組織相當強，但已受到工業化的影響	十聯姓，組織鬆馳，僅具儀式性活動
(6)每戶平均人口	5.08（實際平均數）	7.17（樣本平均數）	5.42（實際平均數）	6.93（實際平均數）
(7)宗教信仰	民間信仰26.64%,基督教21.10%,天主教5.53%，無信仰41.52%	民間信仰91.39%,基督教 1.5%，天主教1.12%	全部爲民間信仰	全部爲民間信仰
(8)社區領導系統	散漫類型，但可以合法方式組織社區會議	主要有兩個派系，屬黨派型的權力結構	散漫型權力結構，權力分散而和諧	聯盟型權力結構，社區決策因事而轉移
(9)社區居民	主要爲公教人員，其次爲少	主 要 爲 零售商，其次爲住	原爲純農村，工業及商業進	仍爲農業社會類型，行爲及

	數商店及住家，平常來往甚少，為典型的城市居住方式	家及小販，若干生活方式為早期中國式的形態，新遷入者為數甚少	入後，人際關係有重大改變；但由於某種程度的隔離，還能保有一些傳統宗族特質	思想相當保守；附近及社區內工廠成立後，受到相當大的挑戰
(10)交通狀況	臺北新市區內，公車四通八達	臺北老市區，受到一些影響	桃園郊區，有公車，中等程度交通	大溪的鄉村，有公車，但不很方便

　　從上述社區特質可以看得出來，除了極少數項目外，每個社區都有它的特色。這些特色與社會的環境，與新社區居民，在發生關係時，就會產生不同的影響，這種影響是相互的。例如，大環境的改變會影響到社區特質的改變，或居民行為的改變；反過來，居民行為也可能改變社區特質。這種互為因果的關係，有時很難澄清。我們希望測驗的結果將會顯示這些社區的不同狀況。

　　量表測驗的樣本是由隨機抽樣產生，隨機樣本中控制了年齡與性別，分配大致相差不多。年齡係取十五歲以上者為三組，即 15 歲—30 歲，低齡組；31 歲—45 歲，中齡組；46 歲以上，高齡組。由於本文僅討論社區間的差異，故取樣本總數為討論對象。四個社區的樣本數如表 3：

表 3　四個社區樣本分配

甲、民東	289	乙、龍山	231
丙、岩村	231	丁、竹村	196

訪問這些樣本的量表，題目數量不完全相等，龍山是 117 題，民東是 86 題，竹村是 58 題，岩村是 29 題，這個排列是依據測量時間的先後順序：61 年，龍山；62 年，竹村；62 年，民東；63 年，岩村。茲將有關事項列表如表 4。

表 4　量表、信度與施測時間

社　　　區	施測時間	施測題目	效度較高題目	信　　度	本文採用題目**
甲、民　東	62年	97	38	.95	26
乙、龍　山	61年	117	97	.97	26
丙、岩　村	63年	29	29	.001*	26
丁、竹　村	62年	58	36	.95	26

* 本次作相關檢定，每題與總分達 .001 顯著水準；其餘三社區均作
　折半相關檢定，一致性極高。
** 26 題爲各社區共有，分配於六個分類量表中。

表 4 中可以看得出來，四社區並非在同一時間完成，將來的結果可能會受到一些影響，這些影響也無法估計。這是沒有辦法的事，我們受到經費的限制。先後並無特定的意義，係以當年所提計劃爲準。四社區，除民東僅作郵寄問卷外，其餘三社區均是個別訪問，並在社區中居住三至四個月，以爲參與觀察和深度訪問。

價值量表分六部分，即宗教、家庭、經濟、成就、政治、道德。最初在龍山村施測時，每部分平均有 21 題左右，後來經過檢定與修訂，在岩村最後一次，就僅剩 29 題，把信度不十分高的都刪除了，每類剩下的題目多少不一，其分配是這樣的：宗教 5 題，家庭 5 題，

經濟 3 題，成就 4 題，政治 4 題，道德 5 題。這幾個題目是否能代表每一種價值，可能爭論很大。不過，我們在初測的一百多個題目中，大部分題目都因同質性較高而被淘汰，也即是缺少辨別能力，這種情形，可能由於每個被測者的價值觀念都相同，不論是肯定的或否定的，因而沒有差異。全於爲什麼相同，就很難說，可能都沒有變，也可能都變了，這樣，自然測不出差異的程度。

量表 26 題（見附錄 1）分爲上述六類次級價值體系，每類間相關矩陣差不多均達到 .01 的顯著水準，少數達到 .05 顯著水準，只有極少數無相關（見附錄 2）。就一般而言，幾乎均有中度相關。

我們就要以這 26 題的總分，在各社區中比較居民六類價值的高低，然後再加以解釋。

對於量表的題目，我們均假定高分的一端偏向傳統，低分的一端偏向現代，中間爲中性。各社區量表均是五點計分，如果是偏向傳統的題目，計分法爲 5, 4, 3, 2, 1；如果是偏向現代的題目，計分法爲 1, 2, 3, 4, 5，例如，第 1 題，「一個人應該按時拜拜」，答「極同意」，5 分；「極不同意」，1 分；「不一定」，3 分。第 26 題，「老師講的話也不一定是對的」，答「極同意」，1 分；「極不同意」，5 分；「不一定」，3 分。

所有的計算都是用電腦處理的，也許還有錯誤，不過目前還沒有發現。如果發現了，我們一定修正。我們在處理問卷的過程中還是相當愼重，除民東爲郵寄問卷外，其餘三社區都是由大學本部同學（相關系），經過討論後，逐一個別訪問。問卷經過校核，剔除廢卷，再過錄。過錄後也經過校對，最後才送去打卡，進電腦計算。

三 結果與討論

我們在前面提到過，量表 26 個題目分屬六類價值。這六類價值，每類中的相關矩陣係數都達到極顯著（.001），很顯著（.01），或顯著（.05）的相關程度（參閱附錄 2 諸表）；其中大部分為極顯著，只有少數幾題不顯著，如民東 16 對 15, 17；龍山 7 對 8，10 對 7, 8；岩村 26 對 23, 24；竹村 10 對 6, 7, 8, 9；共 11 次。這 11 次分別出現在家庭價值（7 次），成就價值（2 次），和道德價值（2 次）中，占每類相關總次數 180 的 6％，所以，幾乎可說，都達到了相關的程度。事實上，整個量表中的題目（所選出相同的 26 題），僅第 10 題「在家千日好，出外一時難，這句話現在是說不通的」，及第 26 題「老師講的話也不一定是對的」，這兩題的辨別力較弱。因而，從相關檢定的結果來看，我們可以假定，這些題目對測驗六種價值還是相當有效。

從整個量表在四個社區的總數（樣本＝947）相關矩陣來看（附錄 3），除第 10 及 26 題的相關較低外，其他多達極顯著水準（r＝.10，p＜.001），表示相關程度頗高。這也說明，這個量表在辨別從傳統到現代（從高分到低分），一系列相關係數所代表的價值體系中，具有某種程度的關聯性。價值的重疊現象似乎不必討論，中國社會尤其如此，所以，大部分的題目均表現了這種現象，一個題目可能跟許多個題目均有某種程度的相關。

以平均數與標準差來看，最高的出現在家庭價值第 6 題，「父母應該有權管家裏人的事情」，如岩村（$\overline{X}$＝4.32，SD＝.79）與竹村（$\overline{X}$＝4.12，SD＝.92）❷，平均數高，標準差卻較小，表示居民在這一

---

❷ $\overline{X}$ 為平均數；SD 為標準差，表示一致性的大小；p 值卽顯著水準，誤差的程度；相關（r）係數表示兩個變數的相關程度。

態度有較高的一致性。另一方面，岩村和竹村的成就價值得分也普遍較高（參閱附錄 2）。這都說明，他們這方面的價值觀念比較偏向於傳統。一般而言，得分較低的還是在經濟價值，其次是政治，也許這正反映了目前社會變遷的形態，如民東政治價值第 21 題，平均數 1.55，標準差 .58；經濟價值，平均數 1.92，標準差 .69；其他各地雖沒有這樣低，但也較低。就四社區的總數來說，平均數為 3.29，標準差為 1.06，雖有點偏高，即有點偏向於傳統，但距離平均數和中數之 3，還是相當接近。也許我們可以解釋為，正是由傳統走向現代的過程中。事實上，我們似乎不必把傳統和現代二分，而是一種連續性；從早期社會邁向現代，如果原來的價值觀念多些，現代的就可能少些；反過來也一樣，現代的多些，傳統的就可能少些。這四個社區居民的價值平均數只有 3.29，似乎正在走向現代的途中。這裏的所謂「現代」，只是說明一種狀況；或者說，只是描述為適應現代生活所反映出來的價值觀念或態度，並不能解釋為好或壞，需要或不需要。

以下我們就六種價值，在四個社區中的狀況加以比較，然後就可以進一步了解，差異在什麼地方，為什麼有差異等類問題。在討論社區居民價值高低之先，有幾個計算上的特殊名詞，不妨稍加說明。這些名詞，對從事統計的人而言，是平常的普通用語，但對不常用統計的人，卻有點幫助。平均數（$\bar{X}$）是指社區居民價值的平均值，本研究主要將用平均數來說明它的高低，高分偏向傳統，低分偏向現代；檢定平均數的差異（即是否真正有高低存在），用兩種方法，四社區間，用 F 檢定，兩兩社區間，用最小標準差（LSD）。標準差（SD）用以觀察各社區中分散趨勢。相對離差（RD）用以比較各社區間分散狀況或整齊的程度，數字越大者，表示越不整齊，或差異越大。如果各社區的平均數和最小標準差，均達到顯著的差異水準，則該平均數所

顯示的高低是存在的；而相對離差就表示一致性的大小，數字越小，一致性越大。

（一）宗教價值

宗教價值實際也可以解釋為，居民對宗教一些比較固定的看法和信仰。測量這種價值的一組，共有五題，五題的相關，在六組價值中最高也最穩定。開始的時候，我們用了一百多題，來測量個人的宗教價值，最少的也有十多題，這五題在四個社區都用到（參閱附錄 1，1-5，及附錄 2 各社區 1-5 題）。雖然在四個社區中的相關係數均相當高❸（r 的顯著水準達到 .001），也很穩定，但它的平均數和標準差仍有高低，如表 5。

表 5　各社區宗教價值的平均數與標準差

社　　區	樣　　本	平　均　數	標　準　差	相對離差	F　檢　定
甲、民東	289	13.92042	3.90476	28.0	F＝78.63***
乙、龍山	231	16.44589	3.84881	23.4	$df_1=3$
丙、岩村	231	17.85714	4.07446	22.7	$df_2=943$
丁、竹村	196	18.89796	3.41787	18.0	

***　$p < .001$

從表 5 的 F 檢定及最小標準差（LSD）檢定（附錄 1.1），平均數的差異均達到極顯著水準。換句話說，平均數的高低，也就是宗教

---

❸　相關係數的顯著度，一直是個爭論的問題，主要不但出發點不一致，用途也不一致。此處旨在說明兩者間的關係程度，當不致有太大的問題。

價值的高低，這種高低的實際意義即是宗教態度的趨向。由低而高，依次爲甲、乙、丙、丁，即甲社區居民所強調的宗教價值，遠不如丁社區居民。反過來說，竹村的宗教信仰最強烈，岩村次之，龍山又次之，民東最輕。從相對離差來看，竹村的一致性最高，岩村次之，龍山又次之，民東最不整齊。從前述社區特質和實際行爲來看，這個結果也大致可以接受。民東區是一個中央公教住宅區，教育程度在中等以上；龍山是一個舊都市商業區，居民多爲商人；岩村是一有工業區的農村，多少受了點溝通和交通的影響；竹村則爲一農村，加上許多礦工，與外界交通最多的是大溪鎮。所以，這種價值的平均數和相對離差的高低現象，與居民的生活狀況，有相當高的一致性。但就宗教本身而言，除甲村以無宗教信仰占多數外（41.46％，民間信仰爲26.50％），其餘幾均屬民間信仰（參閱前表２）。

（二）家庭價值

　　家庭價值主要在測量個人對家庭的一些看法，是不是已經變了，或變到什麼地步。這一組也是五題，各社區相同❹，從家庭權力，人際關係，到感受，都問到。這一組各題在社區中的內部相關（附錄２，各社區 6-10 題），雖不十分高，但除乙、丁二社區，五題未達顯著水準外，其餘多爲極顯著相關，表示有某種程度的一致性。

　　家庭在我國社會的重要性，自無庸多言，但在四社區所表現的結果，還是有差異，如表 6。

---

❹　第 10 題「『在家千日好，出外一時難』，這句話現在是說不通的」，甲、乙二村無後段，丙、丁有後段，給分的方式相反。

表 6 各社區家庭價值的平均數和標準差

社　　區	樣　　本	平　均　數	標　準　差	相對離差	F　檢　定
甲、民東	289	15.78893	2.52083	15.9	F = 51.87***
乙、龍山	231	18.00433	2.27748	12.6	df₁ = 3
丙、岩村	231	18.56277	3.33417	17.9	df₂ = 947
丁、竹村	196	17.09184	2.67596	15.6	

*** p < .001

各社區間的平均數最小標準差 (LSD)，均達顯著或很顯著（參閱附錄 4.2）；社區的平均數 F 檢定，則達極顯著。這就是說，平均數的高低異差具有實質的意義。這些家庭價值，甲村最偏向現代，丙村最偏向傳統，丁、乙在二者之間，丁較接近甲，而乙較接近丙。所以平均數由低至高的趨勢為：甲──→丁──→乙──→丙。

另一方面，從相對離差的差異程度來看，它的順序為：丙──→甲──→丁──→乙。即態度偏向傳統的丙村，價值分散也最大，乙村的一致性卻最高，甲、丁二村，一為現代公寓住宅區，一為傳統農業區，整齊的程度卻相類似。

我們可以理解的是，岩村的工業化，的確住進了一大批工、商人士，這些人對價值改變可能沒有太大影響，卻拉開了與原住民間的距離，造成相對離差的不均勻。竹村的家庭價值平均數較低，可能受到宗族關係較鬆懈的影響。這個地方只有象徵家族關係的聯姓❺，族內

---

❺ 該村由於同姓者多來自大陸不同地區，為了宗教祭祀的原因，組織聯姓，而以不同姓氏組成一團體，如張、廖、簡為一姓（參閱文崇一，民67：679-716）。

關係多半不存在，少數幾個姓有一點，也非常微不足道。在實際情形
上，可能比民東高些，卻的確比龍山和岩村爲低，這從我們觀察和訪
問所得的資料也可以了解。所以這種平均數的高低排列，與實際情況
還是相當一致。

（三）經濟價值

這一組的題目，在各區做測量時，變動較多，原來的題目也較
少。這次用於作比較分析，四社區完全相同的經濟價值題目僅三題，
但三題的相關均達到極顯著（p<.001）程度（參閱附錄2，各社區經
濟價值部分）。這三題與其餘的經濟價值題目作相關分析，內部的一
致性仍相當高，各社區均如此，所以，還是可以用來了解一般的經濟
價值傾向，各地區經濟價值測量結果，如表7。

表 7　各社區經濟價值的平均數和標準差

社　　區	樣　　本	平　均　數	標　準　差	相對離差	F　檢　定
甲、民東	289	7. 57439	1. 83016	24. 1	F＝55. 41***
乙、龍山	231	9. 49784	2. 34590	24. 7	$df_1＝3$
丙、岩村	231	9. 74026	3. 20218	32. 8	$df_2＝943$
丁、竹村	196	10. 18367	2. 55943	25. 1	

*** 　p<.001

上表F檢定，平均數差異達極顯著水準；最小標準差檢定，四組
平均數之間的差異，除丙乙，丁丙未達顯著度外，其餘各組均很顯著
（附錄 4.3，經濟價值），卽平均數表現了態度上的差異。不過，這

種比較是有限度的，不像前兩種價值的普遍性，即甲可以與其他三組比較，乙可以與丁比較；乙與丙，丙與丁就不能比較，因爲它們間的差異不顯著。在這種情形下，我們知道，還是甲村的經濟價值平均數最低，最偏向現代；竹村最高，最偏向傳統。

相對離差則以丙村最不整齊，而以甲村的一致性最高，也就是，從現代性來說，甲村的水準最整齊，個人間的經濟價值觀念差異最小，乙村次之，丁村又次之，丙村差距最大。雖然如此，各村居民經濟價值所代表的意義，卻不盡相同，民東可能是對一般經濟的看法，龍山偏重於商業經濟，竹村偏重於農業經濟，岩村則爲農業經濟受到工業化的影響。

從整個環境來觀察平均數的高低，相對離差的整齊程度，大致與實際情況相符合。

（四）成就價值

這一組的題目，除岩村僅七題外，其餘各地均在十五題以上，但四社區完全相同的題目僅四題（參閱附錄 1, 14-17 題）。各題相關除民東二題外（16 對 15, 17），餘均達顯著或極顯著程度（參閱附錄 2，各社區成就價值）。

成就價值有許多層面，我國人在傳統社會中比較強調集體的成就，現代社會則較重視個人的成就，其間可能不牽涉對現代和傳統本身的評價問題，而爲時代環境塑造而成。成就的測量，就在於了解它們的時代意義，結果如表8。

表 8　各社區成就價值的平均數和標準差

社　　區	樣　　本	平 均 數	標 準 差	相對離差	F　檢　定
甲、民東	289	12.49481	2.24091	17.9	F＝87.01***
乙、龍山	231	14.01732	2.50559	17.9	df₁＝3
丙、岩村	231	15.57576	2.72861	17.5	df₂＝943
丁、竹村	196	15.28061	2.11898	13.8	

***　p＜.001

　　F檢定，達極顯著；最小標準差檢定（附錄 4.4，成就價值），除丙丁間無差異外，其餘各組均達很顯著程度，可見各社區的平均數成就價值，具有相當程度的說明性，即高分者偏向傳統成就觀念，低分者偏向現代成就觀念。

　　民東的平均數最趨向現代，龍山次之，岩村與竹村相近，偏於傳統。從相對離差的一致性大小來看，前三者相似，分散比較大，後者較爲接近，丙、丁二村的平均數雖很相近，均較爲偏向傳統，但一致的程度相差很遠，這可能與農村的工業化有點關係，岩村的異質性差距較大，竹村的同質性較高。

（五）政治價值

　　政治價值在於測量政治的參與感及與政府的關係，這些問題也與若干別的層面有關，但在四社區中，完全相同的題目只有四題（參閱附錄1，18-21 題）。四題在各社區的相關均達到很顯著或極顯著程度（p＜.01 或 .001）（參閱附錄2，各社區政治價值）。各社區的平均數如表9。

表 9　各社區政治價值的平均數與標準差

社　　區	樣　　本	平　均　數	標　準　差	相對離差	F　　檢　　定
甲、民東	289	9.60208	2.05416	21.3	F = 59.20***
乙、龍山	231	11.37662	3.33899	29.2	$df_1 = 3$
丙、岩村	231	12.54113	3.93941	31.4	$df_2 = 943$
丁、竹村	196	12.68878	2.16501	17.1	

*** p<.001

　　上表 F 檢定，達到極顯著水準；最小標準差檢定（附錄 4.5），除丙丁二社區間無差異外，餘均達到很顯著程度。從平均數來說，民東最低，偏向現代；竹村最高，偏向傳統。這個次序正好是：甲——→乙——→丙——→丁。這種政治態度的低高順序，也合於我們觀察所得資料，甲村的影響來自公教人員，乙村來自商業環境，丙村來自工業化，丁村為傳統農業社區。

　　在相對離差上，竹村最整齊，也就是差異最小，但這是屬於傳統方面的一致性；民東卻是屬於現代方面的一致性較整齊。其餘二村，分散較大，也卽是政治價值的一致性較低。事實上，各社區標準差上所顯示的情形也大致相似。

（六）道德價值

　　道德價值在各社區完全相同的題目共五題（附錄 1，22-26 題），各題間的相關，除岩村二題（26 對 23.24）無顯著差異外，其餘各社區中各題間均達顯著，很顯著，或極顯著水準（p<.05，.01 或 .001）（附錄 2，各社區道德價值相關矩陣）。道德價值是我國社會非常注

重的，它在平均數上所顯示的意義可能更不比尋常。其結果如表 10。

表 10　各社區道德價值的平均數和標準差

社　　區	樣　　本	平　均　數	標　準　差	相對離差	F　檢　定
甲、民東	289	14.86851	2.50486	16.8	F = 111.08***
乙、龍山	231	17.89610	3.12876	17.4	df₁ = 3
丙、岩村	231	18.87446	3.34362	17.7	df₂ = 943
丁、竹村	196	18.83163	2.61891	13.9	

***　p<.001

　　上表檢定達極顯著水準；各社區間的不均數最小標準差檢定，除丙丁間無差異外，其餘均達很顯著程度（附錄 4.6 道德價值的 LSD），這就是說，平均數的高低，可以說明道德價值的接近傳統或現代。也即是，如果以岩村和竹村代表較具有傳統性的道德價值觀念，則龍山次之，民東最低，或者說，最接近現代，改變最多。

　　從相對離差，也就是分散程度來看，乙、丙二村最不整齊，甲村次之，丁村的一致性最高。不過，大體而言，各社區都還相當近似，差距並不太大。這種價值，在各社區，不但標準差的差異不十分大，平均數也比較高，也許由於道德價值的確不容易改變。

　　以上，我們討論了六種價值，宗教、家庭、經濟、成就、政治、道德，每種價值在不同社區中出現不同的現象，有時平均數較低或較高，有時標準差（或相對離差）較小或較大。這種現象，不是我們所追尋的目標。價值是社區居民判斷事物和行為的標準，平均數的高低，可代表價值的接近傳統或現代。我們從甲、乙、丙、丁社區的不

同平均數，即可了解它們的不同價值標準，或不同價值傾向。當我們
了解了這些價值平均數之後，就可以進一步比較它們在不同社區的差
異，差異的意義等。下圖（圖13）是六種價值在四個社區中的分佈狀
況。

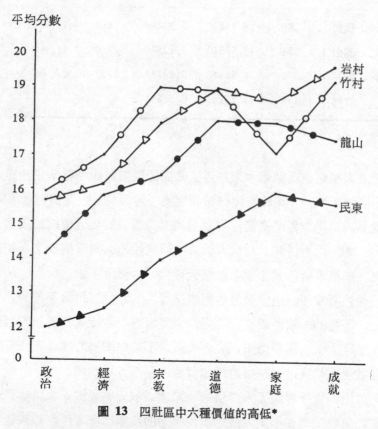

圖 13　四社區中六種價值的高低*

* 原始平均分數，經濟三題，政治及成就各四題，家庭、道德、宗
　教各五題。此爲經標準化後的平均數，每種價值均以五點計分。

從上圖顯示：（1）標準化並沒有改變價值的實質意義，即每種價

值在各社區所佔的地位還是相當相似。但由於各種價值的性質不同，雖經標準化，仍難以比較高低。(2) 每種價值在社區中有明顯的差異，而且差異的狀況相當一致，即除極少數外（如家庭價值），民東的平均數最低，龍山次之，岩村與竹村最高。換句話說，就是民東最有現代傾向，岩村和竹村最有傳統傾向，龍山則介於二者之間，每種價值均如此。從實際觀察和訪問所得資料而言，大致也有這種傾向。(3) 就各社區的價值總平均數而論，情形也如此（F＝126.23，p＜.001；LSD＝3.57，p＜.01 見附錄 4.7），即民東最低，龍山次之，岩村和竹村最高，後二者且無差異。

　　這就是說，同樣的價值，在不同社區中表現了不同的反應。這種反應顯然與社區的本身特質有重大關係，如民東為公教住宅區，龍山為商業區，岩村和竹村為農業區。就平均數的實質來看，似可以分為三種類型，民東屬於現代型($\overline{X}$＝74.25)，龍山屬中間型($\overline{X}$＝87.24)，岩村和竹村為傳統型 ($\overline{X}$＝93.15, 92.97)。這種說法只是相對的，並不是現代型什麼都變了，傳統型什麼都沒有變，例如家庭價值，傳統型之一的竹村就比中間型還低。就一般而言，現代型的平均數低於中間型，中間型又低於傳統型。從現代的方向而言，也即是，現代型的現代化程度較高，傳統型的現代化程度較低，中間型的現代化程度高於傳統型而低於現代型。這種平均數的分析，係就傳統和現代兩個面向來討論。從這個角度來看，家庭的傳統向和政治的傳統向是一致的，經濟的現代向和道德的現代向也是一致的。六種價值的總和，適足以說明它的兩個極端，傳統或現代，中間是它的轉變期或過渡期。這種分配與年齡也有點相似，如圖 14。

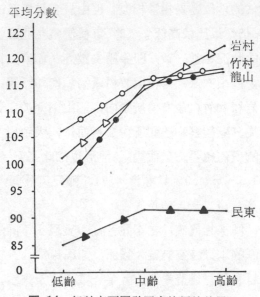

平均分數

圖 14　年齡在不同社區中的價值差異*

* 年齡分三組，低齡 15-30 歲，中齡 31-45 歲，高齡 46 歲以上。
民東 $N=289$，$F=8.71**$，$df_{1,2}=2,286$；龍山 $N=231$，$F=42.15**$，$df_{1,2}=2,228$；岩村 $N=231$，$F=26.57**$，$df_{1,2}=2,228$；竹村 $N=196$，$F=10.19**$，$df_{1,2}=2,193$。$**p<.01$。

年齡的趨勢說明兩種情形：一是民東在三個年齡層平均數普遍較低，即較接近現代，其餘三地比較高，較接近傳統；二是低齡組得分在各社區均低，中齡組居中，高齡組居高，例外極少，似乎指出低齡組較具現代傾向，高齡組具傳統傾向。我們雖不能說，價值一定受到年齡的影響，但確與各社區中，各種價值的方向相當一致。

四　結　論

從上面的分析，我們可以獲得幾個結論：

(1) 同一價值在不同社區中，的確具有某種程度的差異，這種差異因社區性質和結構的不同而產生，諸如生態環境，親屬組織，年齡層等，都可能產生影響。

(2) 各種價值的高低，具有一致的趨勢，這種一致性有兩種形式，一是某類價值在社區間的普遍低或高，一是在社區中的低或高。

(3) 這些價值在不同社區中所呈現的現象，的確有幾種類型化傾向，即現代型，中間型，和傳統型。這種類型雖僅由平均數歸納而成，卻相當程度符合實際狀況。

參 考 書 目

文崇一

　　民65　〈大眾傳播與社會變遷〉，《中山學術文化集刊》17: 1-36。

　　民67　〈竹村社會關係和社區權力結構〉，《中央研究院五十週年紀念論文集》。臺北: 中央研究院。

文崇一等

　　民64　《西河的社會變遷》。臺北: 中研院民族所。

李美枝、楊國樞

　　民61　〈中國大學生的價值觀〉，李亦園、楊國樞編《中國人的性格》。臺北: 中央研究院民族學研究所。

董兆孚譯

　　民56　《人生之型式》(E. Spranger 原著)。臺北: 商務。

瞿海源

　　民64　〈萬華地區社會態度的變遷〉，《中央研究院民族學研究所集刊》39: 57-83。

　　民65　〈岩村居民的社會態度〉，《中研院民族所集刊》42: 97-117。

Allport, G. W., P. E. Vernon & G. Lindzey

  1960 *A Study of Values*. Boston: Houghton Mifflin.

Firth, R.

  1951 *Elements of Social Organization*. Boston: Beacon.

Inkeles, A., & D. H. Smith

  1974 *Becoming Modern: Individual Change in Six Developing Countries*. Mass.: Harvard.

Kahl, J. A.

  1968 *The Measurement of Modernism*. Austin: University of Texas Press.

McEwen, W. I.

  1975 *Changing Rural Society: a Study of Communities in Bolivia*. N.Y.: Oxford.

De Sola Pool, I.

  1963 The Mass Media and Politics in the Modernization Process, in L. W. Pye, ed., *Communication and Political Development*. N.Y.: Princeton.

附錄 1　價值量表選用題數

（原施測題數：民東91題，龍山117題，竹村51題，岩村29題）

1. 一個人應該按時拜拜。
2. 在生做好事可以上天堂，做壞事多就會下地獄。
3. 我遇到重要事情的時候，一定去問神。
4. 只要誠心誠意去拜神，一定會得到神的保祐。
5. 下代所拜的神應該和上代一樣。
6. 父母應該有權管家裏人的事情。
7. 除了家裏人以外，沒有人更能了解我。
8. 一個人有了困難的時候，還是找親戚來幫忙比較可靠。
9. 父親是一家之主，家裏的事都應該由他來決定。
10. 「在家千日好，出外一時難」這句話現在是說不通的。

    （民東、龍山無後半段「這句話現在是說不通的」，給分方向相反。）
11. 投資太冒險，所以我不要投資。
12. 旅行是一種浪費。
13. 窮、富是命中註定的。
14. 只要能使我們生活安定的工作（頭路）就是好的。
15. 做事情不用考慮太多，到時自然有辦法。
16. 幫助子女出人頭地（出頭天）是父母應盡的責任。
17. 凡事要順其自然，不必勉強。
18. 對政府的一些決定我們雖然不同意，但是也沒有什麼辦法。
19. 我會想到向村民大會或政府機關提出意見。

    （民東、龍山用「我不會向……」，給分相反。）
20. 政府若做錯了，老百姓可以控告政府。

21. 國家大事跟我們沒有什麼關係。

22. 做人絕對不能失面子。

23. 一個人賺錢不是只爲了自己的享受，也是爲子孫。

24. 一個人成功之後，應該盡量提拔（牽成）他的親戚朋友。

25. 無論什麼時候，都要聽父母的話。

26. 老師講的話也不一定是對的。

　　（「老師講的話是對的」，民東、龍山用肯定語，給分相反。）

附錄 2　社區別價值相關係數矩陣

甲、民東（樣本：289）

	相　　關　　係　　數　　矩　　陣					平均數	標準差
	1	2	3	4	5		
宗教價值							
1		.44***	.44***	.47***	.50***	2.95	.97
2	—	—	.39***	.46***	.42***	2.94	1.11
3			—	.57***	.47***	2.36	1.00
4				—	.61***	2.91	1.03
5					—	2.74	1.00
家庭價值	6	7	8	9	10	平均數	標準差
6	—	.36***	.17**	.31***	.17**	3.26	.83
7		—	.25***	.34***	.17**	2.94	.85
8			—	.31***	.18***	3.02	.66
9				—	.26***	2.90	.76
10					—	3.64	.84
經濟價值	11	12	13			平均數	標準差
11	—	.14**	.30***			3.03	.90
12		—	.31***			1.92	.69
13			—			2.61	.96

成就價值							
	14	15	16	17		平均數	標準差
14	—	.27***	.15**	.20***		3.24	.89
15		—	.06ns	.35***		2.29	.86
16			—	.07ns		3.61	.88
17				—		3.33	.94
政治價值							
	18	19	20	21		平均數	標準差
18	—	.14**	.19***	.13**		2.70	1.04
19		—	.17**	.15**		2.52	.87
20			—	.18***		2.82	.83
21				—		1.55	.58
道德價值							
	22	23	24	25	26	平均數	標準差
22	—	.18***	.29***	.11*	.09*	3.04	.90
23		—	.22***	.13**	.16**	3.13	.92
24			—	.18***	.25***	2.74	.88
25				—	.30***	3.12	.70
26					—	2.81	.78

* p<.05　　** p<.01　　*** p<.001

乙、龍山（樣本：231）

	相　關　係　數　矩　陣					平均數	標準差
	1	2	3	4	5		
宗教價值							
1	—	.46***	.51***	.55***	.51***	3.35	.95
2		—	.32***	.46***	.41***	3.39	.99
3			—	.55***	.49***	2.96	1.11
4				—	.49***	3.42	.95
5					—	3.29	1.04
家庭價值							
	6	7	8	9	10	平均數	標準差
6	—	.12*	.11*	.34***	.21***	3.73	.82
7		—	.08ns	.30***	.02ns	3.36	.90
8			—	.10*	.07ns	3.12	.71
9				—	.30***	3.71	.79
10					—	4.06	.69
經濟價值							
	11	12	13			平均數	標準差
11	—	.26***	.38***			3.36	.94
12		—	.43***			2.78	1.10
13			—			3.34	1.04
成就價值							
	14	15	16	17		平均數	標準差
14	—	.33***	.49***	.30***		3.78	.77

15	—	.30***	.43***		2.85	.98
16		—	.24***		3.81	.84
17			—		3.56	.89

政治價值

	18	19	20	21	平均數	標準差
18	—	.34***	.41***	.45***	3.12	.95
19		—	.43***	.56***	2.93	1.03
20			—	.59***	2.92	1.11
21				—	2.39	1.19

道德價值

	22	23	24	25	26	平均數	標準差
22	—	.46***	.48***	.26***	.34***	3.54	.94
23		—	.46***	.26***	.36***	3.67	.88
24			—	.30***	.42***	3.32	.95
25				—	.35***	3.75	.81
26					—	3.58	.82

丙、岩村（樣本：231）

	有　關　係　數　矩　陣					平均數	標準差
	1	2	3	4	5		
宗教價值							
1	—	.26***	.46***	.31***	.36***	3.79	.99
2		—	.36***	.47***	.36***	3.56	1.12
3			—	.52***	.36***	2.95	1.32
4				—	.40***	3.73	1.11
5					—	3.80	1.11
家庭價值							
	6	7	8	9	10	平均數	標準差
6	—	.24**	.18**	.29***	.12*	4.32	.79
7		—	.22***	.38***	.14*	3.68	1.11
8			—	.34***	.18**	3.30	1.22
9				—	.16**	3.91	.99
10					—	3.33	1.28
經濟價值							
	11	12	13			平均數	標準差
11	—	.41***	.42***			3.25	1.18
12		—	.42***			3.12	1.42
13			—			3.35	1.47
成就價值							
	14	15	16	17		平均數	標準差
14	—	.29***	.30***	.31***		4.14	.93

						平均數	標準差
15		—	.17**	.24***		3.10	1.35
16			—	.15**		4.29	.87
17				—		4.02	.96

政治價值

	18	19	20	21		平均數	標準差
18	—	.34***	.41***	.48***		3.56	1.18
19		—	.33***	.35***		3.24	1.34
20			—	.40***		2.99	1.34
21				—		2.73	1.48

道德價值

	22	23	24	25	26	平均數	標準差
22	—	.29***	.30***	.48***	.20***	3.84	1.13
23		—	.43***	.34***	.06ns	4.24	.79
24			—	.27***	.07ns	3.92	.98
25				—	.28***	4.04	.96
26					—	2.82	1.33

丁、竹村（樣本：196）

	相　關　係　數　矩　陣					平均數	標準差
	1	2	3	4	5		
宗教價值							
1	—	.46***	.43***	.37***	.38***	3.96	.79
2		—	.31***	.44***	.28***	3.70	.89
3			—	.46***	.38***	3.42	1.15
4				—	.35***	3.89	.97
5					—	3.89	.97
家庭價值							
	6	7	8	9	10	平均數	標準差
6	—	.26***	.25***	.22***	−.01ns	4.12	.92
7		—	.20**	.18**	−.01ns	3.29	1.00
8			—	.12*	−.10ns	3.46	1.07
9				—	−.10ns	3.81	.98
10					—	2.39	1.15
經濟價值							
	11	12	13			平均數	標準差
11	—	.30***	.31***			3.35	1.10
12		—	.28***			3.14	1.22
13			—			3.68	1.19
成就價值							
	14	15	16	17		平均數	標準差
14	—	.15*	.27***	.14*		4.08	.52

						平均數	標準差
15		—	.25***	.29***		3.25	1.08
16			—	.25***		4.10	.76
17				—		3.84	.82

政治價值

	18	19	20	21		平均數	標準差
18	—	−.24***	−.24***	.44***		3.55	1.07
19		—	.34***	−.36***		2.98	1.19
20			—	−.32***		3.05	1.21
21				—		3.06	1.35

道德價值

	22	23	24	25	26	平均數	標準差
22	—	.33***	.37***	.33***	−.18**	3.98	.99
23		—	.31***	.34***	−.11*	3.90	.96
24			—	.26***	−.12*	3.85	.87
25				—	−.19**	4.21	.87
26					—	2.87	1.22

附錄 3　四社區價值平均數的最小標準差檢定

甲=民東　　　乙=龍山　　　丙=岩村　　　丁=竹村

---

1. 宗教價值

甲	13.92042	—		
乙	16.44589	2.52547**	—	
丙	17.85714	3.93672**	1.41125**	—
丁	18.89796	4.97754**	2.45207**	1.04082**	—
		*LSD=.691	**LSD=.914	

---

2. 家庭價值

甲	15.78893	—		
乙	18.00433	2.21540**	—	
丙	18.56277	2.77384**	.55844*	—
丁	17.09184	1.30291**	−.91249**	−1.47093**	—
		*LSD=.486	**LSD=.639	

---

3. 經濟價值

甲	7.57439	—		
乙	9.49784	1.92345**	—	
丙	9.74026	2.16587**	.24242	—
丁	10.18367	2.60928**	.68583**	.44341	—
		*LSD=.446	**LSD=.588	

---

4. 成就價值

甲	12.49481	—		
乙	14.01732	1.52251**	—	

丙	15.57576	3.08095**	1.55844**	—
丁	15.28061	2.78580**	1.26329**	−.29515	—

*LSD＝.433　　**LSD＝.570

---

5. 政治價值

甲	9.60208	—
乙	11.37662	1.77454**	—
丙	12.54113	2.93905**	1.16451**	—
丁	12.65878	3.08670**	1.31216**	.14765	—

*LSD＝.553　　**LSD＝.701

---

6. 道德價值

甲	14.86851	—
乙	17.89610	3.02759**	—
丙	18.87446	4.00595**	.97836**	—
丁	18.83163	3.96312**	.93553**	−.0428	—

*LSD＝.139　　**LSD＝.183

---

7. 價值總數

甲	74.24913	—
乙	87.23810	12.98897**	—
丙	93.15152	18.90607**	5.91342**	—
丁	92.97449	18.72532**	−.17707	5.73635**	—

*LSD＝2.712　　**LSD＝3.570

---

*p＜.05　　**p＜.01

從價值取向談中國國民性

依照 Linton 等人的意見，國民性（national character）就是一種「眾趨人格」（modal personality）❶。而價值在文化體系及人格體系中扮演了一個相當重要的角色❷，它代表一種行為的目的或方向❸，這種行為的目的或方向表現在人與人及人與環境的互動關係上❹。正如 Freud 所說，人格的「超我」（superego）部份是由於接受社會文化的薰陶而成❺。所以，從國民的某些社會價值取向（value-orientation）正可以用來解釋若干眾趨人格，或「基本人格」❻。Kardiner 曾經於研究 Alor 人的價值和人格之後，下過這樣的結論：「從 Alor 的價值體系來看，一個人不能強迫將一種與人格結構不相合的新價值體系介紹進來。如果價值體系要變，所有原來的體系都必須變……因此，價值體系的傳播，只有在與人格相合的情況下可以

---

❶ 從文化的觀點，還不如說是社會性格。參閱 Fromm（1969: 277-99）.

❷ Parsons（1966: 6）在兩者中都討論到價值問題。

❸ 參閱 Parsons（1963: 172）；Firth（1953: 147）；Kardiner（1959: 234-5）.

❹ Kluckhohn（1962: 411）對於價值取向的討論也強調這一點。

❺ 賈馥茗（民55: 2-5）；Freud 把人格的構成分成三種，本我（id），自我（ego），與超我（superego）。

❻ Kardiner, et al.（1959:218）曾特別強調這個名詞的好處。

發生，但物質文化的和審美的價值例外。」❼ 這就是說，價值體系
或價值取向可以反映出個人或集團的某些人格特質。我在這裏採用
Parsons 的分類法，即把價值取向分為：認知的 (cognitive)，評價
的 (appreciative)，和道德的 (moral) 三類❽ 來討論中國人的社會
性格，或國民性。

下面我們將提出幾個比較突出的，或者說顯著的中國人的價值取
向，也可以說是中心價值取向來探討國民性。不過，在討論之前，還
須提出四點說明：

第一，「中國人」一義太廣，此處不計邊疆民族，而以我們通常
所了解的中華民族或漢族為主體。就是漢族也以文獻中所能找到的為
限，沒有任何統計的和測量的資料；

第二，漢族分佈地區甚廣，往往在不同地域的人具有不同的性
格。古代有東、西之分，戰國以來南、北分野也相當明顯，近代更有
各省的不同，甚至一省內也可以區別為好幾種性格的人。這個問題，
我們在討論時希望能顧慮到，但是，如果資料不允許，就只好統而言
之；

第三，中國的歷史時期太長，我們不能說，戰國魯人的性格就是
後來山東人的性格。也未必能肯定，漢人的某種性格，如忠，自春秋
以來便沒有變過，所以，在某種程度以內，分期是必需的。但一般歷
史的分期辦法對我們討論價值和性格問題頗不合用，我在這裏試分為
下面幾個時期：(1) 春秋至秦。春秋以前，我們所知甚少，此處不予

---

❼ Kardiner, et al. (1959:237). Kardiner 是利用 Du Bois 在 Alor 的
資料所作的心理分析，見 Du Bois, (1961:176-190, 226-232, 284-291,
343-348, 389-395, 434-437, 468-470, 498-500, 541-548).

❽ Parsons (1962: 166) 對價值討論非常多，這裏只是其中的一種。

討論，春秋戰國卻是一個社會變遷激烈的時期，到漢初始安定下來；
(2) 漢。漢武帝使中國學術趨於大一統，這個局面維持到東漢末年；
(3) 曹魏至唐。曹操在變亂中定出一套相當程度的反傳統的辦法，使
中國社會受了很大的影響，同時，佛教開始在知識份子羣中發生影響
力而漸至於一般羣眾，特別是東晉至唐這一段時間，佛教在中國發生
了內化的 (internalized) 作用；(4) 宋至清末。這是理學時期，一
般稱爲新儒學運動，把儒家思想推進到另一個領域，從某一方面言，
這個運動很成功，即使是鴉片戰爭也沒有動搖中國的基本社會結構；
(5) 洋務運動至現在。洋務運動是中國現代化的開始，一直到現在，
我們還在跟着西方文化的路走，並未內化。在我的想法，若干價值取
向因社會文化的轉變而有所轉變，反過來，價值的轉變也會影響到社
會文化變遷，這從上列幾個時期可以看得出來。

　　第四，傳統中國社會一向分爲士、農、工、商四個階層或四種職
業，這四個階層的許多價值取向和性格往往不盡相同。嚴格說起來，
士與統治階層的價值觀念比較接近，可以算做一類；工與商同爲城市
小市民，區分也不大，是另一類；住在鄉村裏的農民，是第三類。所
以從價值取向來看，大致可以把中國人分爲三類，即：官吏與知識分
子，小市民和農民。話雖是這樣說，其中有不少價值取向和性格，如
節儉、保守、權威態度等，他們的基本觀念還是相當接近。

　　以下我們就幾個比較顯著而普遍的價值與性格之間的關係加以討
論。討論時我們將特別考慮到下列幾個問題：(1) 它們在時間上的持
續性，即在一個長時期裏，它們變動的情況如何，爲什麼會變？(2)
它們所涉及的範圍有多大，全體的還是部份的？(3) 它們屬於那一種
或那幾種形態，認知的還是評價的？

一 權威與傳統價值取向所形成的性格

從文獻資料來看，我們現在所了解的儒家傳統，在春秋戰國時尚沒有建立起來。不但沒有建立，而且受到很大的挫折，正如《孟子》所說：「楊朱墨翟之言盈天下，天下之言不歸楊，則歸墨」〈滕文公·下〉，可見楊墨勢力不小，幾乎沒有儒家說話的機會。孟子指斥他們為邪說，然而自己卻找不到更多的聽眾，所以他認為「楊墨之道不息，孔子之道不著……能言拒楊墨者，聖人之徒也」（同上）。這樣也沒有用，一直到戰國末年，領導中國思想和政治的不是儒家，而是韓非、李斯、蘇秦、張儀之流，所謂法家和縱橫家。就是儒家所強調的仁、孝等社會規範，也遭到了韓非等人的猛烈攻擊。當時各國的君主，有的雖也曾想接受儒家的「王道」觀念來擴大自己的勢力範圍，然而，緩不濟急，在戰亂中，誰都只能優先考慮到武備問題。因此，終戰國之世，儒家只是諸子中的一派，不是一個最高的領導者。

儒家的領導地位，一直要等到漢武帝的行政命令下達以後才算確立❾，於是它統治了中國的思想界兩千多年。中途雖小有波折，然而比起楊墨之言來，就算不了什麼。以後，我們所理解的傳統，就是儒家傳統；權威，就是由儒家思想所設計的一套行為法則。

所謂儒家傳統，主要是指孔子所建立的以「仁」為中心的道德規範，而後由孟子、董仲舒、韓愈、朱熹等人加以擴充或解釋。人和人

---

❾ 漢武帝的命令是根據董仲舒的話而下達的，董仲舒的建議是：「今師異道，人異論，百家殊方，指意不同，是以上無以持一統；法制數變，下不知所守。臣愚以為諸不在六藝之科孔子之術者，皆絕其道，勿使並進。邪辟之說滅息，然後統紀可一而法度可明，民知所從矣」（《漢書56，董仲舒傳：2523，賢良策·三》）。

羣是表現這種規範的主體。權威的淵源遠一點，應該從周人的天道思想和宗法社會說起，但春秋戰國的思想家對這方面的討論相當混亂，沒有定於一尊的痕跡，《論語》也沒有具體的建議，只用二分法把社會人羣分爲兩類：君子與小人，即統治者❿與被統治者。按照孔子的想法，小人除了替自身利益計算外，沒有任何用處⓫，所以一再強調君子⓬，作爲安定社會秩序的力量。另一套辦法就是嚴格執行「君君、臣臣、父父、子子」⓭的從屬關係和等級制，以便統馭。這一套倫理的從屬觀念，我想是被董仲舒、漢武帝他們看中了，就完全接受，並且加以發揚，把「天」擡出來放在最上層⓮，造成一個權威系統。這個權威系統便一直在中國的政治、社會、家族中發生維持傳統和穩定社會結構的功能，唐、宋以後就表現得更精彩。

　　造成權威的理論實際上很簡單：最初，孔、孟提出君臣父子的觀念，還不過是一種理想類型，完全從認知上着眼，希望社會有一天達到這個目的；其後，董仲舒一班人把它和天道、宗法觀念連起來，從

⓾　士爲知識上的統治者，官吏爲政治上的統治者。這裏係泛稱，包括士與仕。

⓫　如說，「君子喻於義，小人喻於利」〈里仁〉；「君子成人之美，不成人之惡；小人反是」〈顏淵〉。

⓬　《論語》以君子小人對稱者有二十多處，均是君子反映好的一面，小人反是。

⓭　《論語・顏淵篇》齊景公問政於孔子，孔子這樣答覆他。

⓮　「天人之徵，古今之道也。孔子作《春秋》，上揆之天道，下質諸人情，參之於古，考之於今」《漢書56，董仲舒傳：2515，賢良策・三》；「故號爲天子者，宜事天如父，事天以孝道也」董仲舒《春秋繁露・深察名號》；「父者，子之天也；天者，父之天也」〈順命〉。這裏把天──→天子──→父三者完全聯接起來了，而天人爲一體。這也就是董仲舒的「天人」理論。

認知轉變為運作的價值，這也是漢的大一統政治局面所促成；最後，到了朱熹手裏，特別強調道德的意義⑮，於是使原來的評價標準一變而為道德標準。變為道德標準後，對人類行為的束縛力也就大些。換句話說，更富有權威。

這種權威形態的結構可以從三方面來看，如圖 15：

甲	乙	丙	丁
理想形態	政治的權威	社會的權威	家族的權威
○ ↓ ○ ↓ ○ ↓ ○	天子 ↓ 官吏 ↓ 平民	聖賢 ↓ 士 ↓ 平民	族長 ↓ 家長 ↓ 家庭成員

圖 15 權威類型

站在最上一級的有最大的權威，也可以說有最大的權力。一般人民被規定在允許的範圍內聽命、工作。Apter 把這種權威形態叫做「層級權威」（hierarchical authority）⑯。也就是董仲舒的「貴賤有等……而民不敢爭」〈度制〉。這種權威的特徵有下列幾點：(1) 上下從屬關係很嚴格，在下位的必須服從上面的命令或處罰，不能提出反抗的理由；(2) 必須遵從法定的或儀式的條規，不得違反；(3) 所有行為以集團，特別是家族集團為中心，或者說為前提，沒有個人自由；(4) 道德的制裁力量高於一切，它也是個人和集團的行為法則。

---

⑮ 「君臣父子之大倫，天之經，地之義」《朱子學的·道在》。

⑯ Apter (1967: 93, 256) 把權威分為三種類型，即：金字塔式的 (pyramid)，層級式的 (hierachical) 和分裂式的 (segmental)。

　　這種權威地位確定以後，對於政治、社會和意識形態諸方面產生幾個重要的法則：

　　第一，認定三王五帝爲最好也是最高的政治理想。如武帝制曰：「蓋聞五帝三王之道，改制作樂而天下洽和，百王同之」〈策賢良制‧一〉，奠定了後來託古改制的基礎。於是王安石不得不假借《周官》，康有爲不得不寫《孔子改制考》。

　　第二，自董仲舒「推明孔氏，抑黜百家。立學校之官，州郡舉茂材孝廉」《漢書本傳：2525》。儒家一套做人、做事，甚至做官的辦法，也卽是儒家的思想和行爲法則，由孔、孟的理想而變爲實際的制度。在政治上是法堯舜，法古；在社會上是推行尊卑貴賤的等級制，如君臣父子以及族長的權力與地位等；在倫理上是遵循以孝爲中心的社會規範。

　　第三，人才主義被確定。這一方面削弱了國家制度化的可能性，另方面強調了個人品格與能力的必然關係，認爲只要有好人當政，就有好的政治和社會。如董仲舒說：「徧得天下之賢人，則三王之盛易爲，而堯舜之名可及也」〈賢良策‧二〉。但是這種人才主義不是指政治、經濟上的特殊才能，而是把「格物、致知、誠意、正心、修身、齊家、治國、平天下」視爲一貫作業所訓練出來的人。這樣，他們當然只有也只能跟着傳統和權威的道路走。不過，士的地位倒因而提高了。

　　第四，家族被承認爲一種絕對價值，也就是 Parsons 所說的「集團主義」（collectivism）⓱。個人的生活方式必須依照集團的意向和規

⓱　Parsons (1966: 96) 認爲「構成中國傳統價值的基礎是集團主義」。另一書他也提到，集團行爲是把忠實 (loyalty) 當作順從，不忠實當作偏差行爲 (1965: 270)。

範，否則就會被視為偏差行為，會得不到社會的尊重，會遭受批評，甚至指責或歧視。所以家長對於家庭成員和族長對於所有族人，都施行一種嚴格的管教政策❶。他們認為，這是長輩的義務，也是權力。因為族中或家中的子弟出了差錯，受到社會的譏評時，長輩要負連帶責任。最通俗的說法就是「養不教，父之過」《三字經》。或「浪子出在祖無德，孝子出於前輩賢」《增廣賢文》。反過來，在家族中，一般也均認為聽命於長輩是理所當然❶。

上面曾經討論過，中國這種權威結構是直線的「等級式」的控制，但把政治，社會，和家族三種途徑結合在一起，可以構成如圖16的權威服從方式。

從三條線來看，中國的權威結構便變成了金字塔式的，每一個邊代表每一種意義。天是這個權威塔理想上的塔尖，實際的塔尖則為皇帝。每一條邊又有一個實際的主宰者，政治上是中央政府的最高官吏，或宰輔；社會是入選中央有功名的知識分子，最高是聖賢；家族則為族長。中國人的權威性格就是在這樣的教養和學習環境中養成的。它的特徵是：(1) 服從天（也代表宇宙）、皇帝、長者、和有政治、社會地位的人；(2) 尊重過去的知識和經驗；(3) 順從已有的社會規

⓲ 「子弟舉動，宜稟命家長，有敗類不率教者，父兄戒諭之；諭之而不從，則公集家廟責之；責之而猶不改，甘為不肖，則告廟擯之」（清蔣伊，頁1）。「子孫所為不肖，敗壞家風，仰主家者集諸位子弟，堂前訓飭」（宋，趙鼎，頁1）。

⓳ 司馬溫公曰：「凡諸卑幼，事無大小，毋得專行，必咨稟於家長」（清李塨，頁16）；「一敬尊長：凡內外尊長，俱宜小心侍從，……言必遜，教必從，勿驕心傲氣，戲侮干犯」（同上）；「子之於父，弟之於兄……不可相視如朋輩，事事欲論曲直。若父兄言行之失，顯然不可掩，子弟止可和言幾諫；若以曲理加之，子弟尤當順受而不當辨」（宋袁采，頁3）；「卑幼不得抵抗尊長……子孫受尊長上訶責，不論是非，但當俯首默受，毋得分理」（元，鄭太和，頁12）。

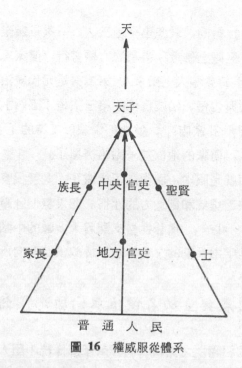

圖 16　權威服從體系

範；（4）看重集團名譽和利益，忽視個人；個人的生活方式應接受集團的安排，它的極端就是「君要臣死，不得不死；父要子亡，不敢不亡」。

這種權威態度，一部份是認知的，因為它表現了對宇宙，對人生的認同取向，雖然是只有服從，甚至是道德式的服從；另一部份卻是「非認知的」，因為它不允許對既存權威做任何批判性的檢討或評價。用 Weber 的話，即所謂傳統權威或神性權威[20]，但這種神性權威是與傳統權威合併存在於傳統社會中。

儒家所建立的這種權威性格，在中國歷史上經過了兩千多年而不

[20]　Weber（1965: 328）把權威分為三種類型，理性權威，傳統權威，和神性權威。神性權威得自天賦，不容人置疑，可以存在於任何種類社會。

衰。算得上眞正挫折的，最多也不過三次：一次是魏至南朝，那時曹
操標榜反傳統，又碰上佛教和道家的玄學盛行，儒家思想的確走了一
段下坡路， 直至韓愈等人士出來； 第二次是元代統治中國的幾十年
間，把儒生壓到與乞丐、娼妓爲伍；第三次是「五四」時代，教授、
大學生高唱打倒「孔家店」，並想把儒家所支持的「孔教」一併推
翻。這次很危險，儒家的地位差一點給擠掉了。

　　權威的反面就是服從，服從久了或慣了，人就很容易變成一種馴
服、依賴❷、缺乏勇氣和創造力的性格。如果整個社羣都如此，看起
來就缺乏生氣。 可是， 這種性格支配着大多數的中國人達兩千年之
久。這種性格多半由長期的文化傳統和權威價值取向所造成。

二、重農與重功名價値取向所形成的性格

　　討論它們的相關性之先，我們必須了解傳統中國人是經由一個什
麼途徑來取得功名❷、富、貴， 以及在什麼情況下立德、立功、立
言。也可以這樣說，那些人最享有社會地位。然後我們就知道，在這
種過程中人民會被塑造成怎樣的性格。

　　早期，中國人的知識、官位、財富等一向爲貴族階級所壟斷，一
般平民只是爲了生存而工作， 談不上什麼成就觀念。 自從孔老夫子
提倡「有教無類」的知識革命以後，原來那種僵化的局面才慢慢的變

---

❷ 張春興、楊國樞（民 58：543）在討論權威性格時也提到四種典型，其中
　 包括依賴與壓抑自己的情緒等。楊國樞在另一文中（民54：14）沒有提
　 到依賴，但有些別的類型。

❷ 功名在後來有兩種解釋：一種是士途上的，另一種是仕途上的。此處所
　 指係前者，士途。

了：布衣可爲卿相，鷄鳴狗盜之徒也居然在貴族家裏當起食客來了。
這是一個非常的轉變，但還沒有到普遍化的階段。也即是說，還沒有
在民間形成一種成就價值取向，所有的成就祇能從若干特殊事件上看
得出來；大多數人還是「日出而作，日入而息」，在原有的生存方式
下過日子。

孔子早就想有一個比較長期而安定的工作環境，卻始終不如意。
他對於「富貴」似乎沒有強烈的欲望，也沒有什麼高深的理論，只是
一種世俗的看法，比如說，「富與貴是人之所欲也，不以其道得之，
不處也」〈里仁〉；「不義而富且貴，於我如浮雲」〈述而〉。除了
表示他對富貴淡薄和不強求外，沒有別的東西。也許他並不是不想發
財，祇是就當時環境而論，怕不怎麼容易，所以他說：「富而可求也，
雖執鞭之士，吾亦爲之；如不可求，從吾所好」〈述而〉。這裏可能
還含有點宿命論，如子夏的話，「死生有命，富貴在天」〈顏淵〉。
孔子未必爲了發財就去做執鞭之士。

戰國時候，情形就不同了：有的以鹽鐵致富，有的做生意賺了大
錢；有的小市民富可敵國，居然與王侯分庭抗禮；有的農家子弟爬上
了高官厚爵的寶座 。 這是個動人的畫面， 由這種事實， 我們可以相
信，若干小市民和農民在成就價值取向上已經有了很大的轉變，雖然
不一定很普遍。就以戰國時的經濟成長和較爲普及的教育來看，也可
以支持這個假定。不過，到了西漢初年，這種情勢有了不少變異：其
一是文帝等人的重農政策收到效果❷，爲後來歷任皇帝奉爲經典，使
中國的社會結構，政治、經濟制度等基本上停滯於農業式的組織而無

---

❷　文帝三年詔：「農，天下之大本也，民所持以生也。而民或不務本而事
　　末，故生不遂」（《漢書 4 文帝紀：118》）；武帝末年詔：「方今之務，
　　在於力農」（《漢書 24 上食貨志 4 上：1138》）。

法改進，即所謂靜態的、權威的、乃至貧窮的社會形態。其二是武帝
獨尊儒家，不但使孔孟一派學說得到發展的機會，也使儒生有了更好
的出路，比如漢代的鄉選里舉㉔，魏晉南北朝的九品中正㉕，唐以後
的科舉㉖等。無論是選舉或考試的辦法，開始時的用意都還不錯㉗，
至少使部份農村人民得到向上爬陞的機會，也緩和了他們情緒上的壓
迫感。

　　漢初，政府爲了阻止商業資本的繼續膨脹，曾經用法令來保護農
民的利益，可是「法律賤商人，商人已富貴矣；尊農夫，農夫已貧賤
矣」㉘，眞是毫無辦法。司馬遷當時就說過：「用貧求富，農不如
工，工不如商，刺文綉不如倚市門」；耕田雖是「治生之正道也，而
富者必用奇勝」《史記‧貨殖列傳》。可見，自古以來農人就發不了
大財。以後，商業經濟確實遭受到相當大的打擊，但眞正有機會發財
的還是商人。商人有了錢，生活當然過得比較舒服；同時，把多餘
的錢轉投資於土地，又變成地主；然後與官吏結交，必要時就可以
影響政治。這種事在漢代就出現了㉙，其後歷代也均有，差別只是在
程度上。傳統中國社會一向把商人列爲最後一級，實際上它的影響力

㉔　漢代取士的辦法很複雜：其初是舉賢良方正；武帝時改爲舉孝廉，設博
　　士。

㉕　魏文帝時陳羣請設此種選用人才辦法，把全國各州郡人才分爲「九品」
　　論選。

㉖　這時以考試取士，再使之入仕。

㉗　上述三種辦法，立意均甚好，但至東漢時「舉秀才，不知書；舉孝廉，
　　父別居。」；晉代就漸至「上品無寒門，下品無貴族」；科舉之敝就更
　　無用說了。

㉘　《漢書‧食貨志》引鼂錯語。賈誼、董仲舒也說過類似的話。

㉙　商人「因其富厚，交通王侯，力過吏勢，以利相傾，千里游敖，冠蓋相
　　望，乘堅策肥，履絲曳縞。此商人所以兼併農人，農人所以流亡者也」
　　（《漢書‧食貨志》引鼂錯語）。

不一定最小。

社會地位較好的當然是士，鄉下人都知道，「萬般皆下品，惟有讀書高」；「士乃國之寶，儒爲席上珍」《增廣賢文》。士可以從任何階層中挑選或考選出來，不過，商人受到較多的限制，而官吏世家要佔點便宜。農人子弟參與考選，可以算是正途。傳統中國知識分子的家訓中都強調耕讀治家，或者半耕半讀，正是這一事實的表現。

士之被社會重視，最少有兩個原因：一是他入了士途以後還有很大的可能入仕途，前途無量，所謂「十年寒窗無人問，一舉成名天下知」，是青年人走出農村最可行的好辦法，因而它幾乎吸引了所有的青年男人❸⓿；二是有了讀書人的身份以後，即使不能飛黃騰達，回到農村或城市也可以當一名太平紳士，對家族和個人同樣增加不少光彩。《三字經》最後花了差不多全書五分之一的篇幅來討論這個問題，不祇是爲了「勤有功，戲無益」，而是一入士途，就有可能「揚名聲，顯父母」❹⓿。

農人處在這種環境中並不是很愉快的，無論他是想發財或想送子弟念書，都需要資本。資本從那裏來？唯一的辦法就是增加工作時間，每月或每年積存一點；再不然就只好負債。盼望有一天，他家裏有一個爲社會所重的讀書人，甚至替朝廷辦大事。

傳統中國社會的人民一向被分爲四個階層，即士、農、工、商❺⓿。

---

❸⓿　如宋趙鼎《家訓筆錄》：「士宦稍達，俸入優厚，自置田產，養贍有餘」。做官可以賺較多的錢，也是吸引力之一。

❹⓿　《三字經》是宋以後私塾的啓蒙教材，不管家庭背景如何，初入私塾的弟子一定得先讀此書。我們不能小看它的影響力。該書不知成於何時，《辭海》訂爲宋末區適子撰，明黎貞增訂之。《大辭典》謂係相傳爲宋王應麟或區適子撰，今本爲章炳麟修訂。

❺⓿　管子首先提到這種分類，以後便一直被沿用，明代人還是這樣說，「士農工商，各居一藝。士爲貴，農次之，工商又次之」(明庸尙鵬，頁10)。

其中的「士」應該當做士大夫解，也就是包括統治階級在內的知識分子羣，和皇帝一系的貴族則除外。從社會流動來看，傳統中國的社會階級應該分為三個類型，即：A 型，西周至春秋以前，社會階級是 1 和 2 為皇帝及其一系的貴族， 3 為平民。B 型，春秋至唐以前，社會階級是 1, 2 皇帝及其一系的貴族， 3 士大夫，由於官吏是選舉而來，士與仕的分化不大，可以併為一類， 4 農、工、商。C 型，唐至清末，社會階級是 1, 2 皇帝及其一系的貴族， 3 一般官吏——仕，考試所挑選出來的， 4 知識分子，包括秀才以上未入仕途的讀書人， 5 農、工、商。這三個類型可以用簡圖表明如下❸：

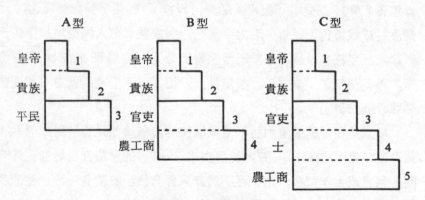

圖 17 社會階級類型

三型中無論那一類型，其階級均分為兩個系統：第一個系統是皇帝及其貴族，包括皇帝的血親和姻親，是一種血緣關係。如上圖各型的 1, 2 兩層，他們的地位是固定的。除了把原有王朝推翻，誰也不能進入這個階層。第二個系統是官吏以下各級，如上圖 3, 4, 5 層。A 型只有平民一層，B 型分化為兩層，C 型有三層，是因社會關係較複雜所

---

❸ Broom 曾繪圖說明傳統中國的社會流動（朱岑樓譯，民56: 140）。

致，他們間的社會流動較大。第 4 層經由選拔或考試後任命可以進入第 3 層；第 5 層經由選拔或考試可以進入第 4 層，如經任官，也可以進入第 3 層。每一層中，因職業或地位的轉變，流動性也相當大。平時，1, 2 兩層的地位比較穩定；3, 4, 5 各層不但有垂直的流動，也有平面的流動。亂時，如王族內亂或平民革命，各階層就都不穩定了。這時，每一種角色都可能得到重新安排的機會。中國歷史上這種戲表演得特別多而精彩。也許還有第 6 層，奴隸和無業遊民，歷代人數不一致，難以估計，為社會的最底層，也是平民的一部分。

　　傳統中國人的成就觀念就是從這種階級關係上表達出來：第一種觀念是，爬得越高，表示成就越大，皇帝代表最大的成就。最好的說明是「勝者為王，敗者為寇」。它的理想形態則為堯舜。第二種觀念是，皇帝已經定了，誰再要爬上去便是造反，而造反可以殺頭，因此人民只能在官吏以下各層流動。代表官吏的最高成就是首相；要不然就停留在第 4 級，士，它的理想形態是聖人或賢人。第三種觀念是，實在爬不進任何一層，可以設法掙一個地主，較好的是大地主。這與現代西方社會的成就觀念不很相同，西方人著重在本質上的成功，如一個成功的醫生、律師等；傳統中國社會著重在社會地位 (social status)，必須在地位上高一級才表示更成功，如認為做知府比知縣更成功，尚書又比知府更成功。甚至到今天，還會有人認為，系主任比教授更為有成就。這就是傳統的厲害處。

　　在以農業為基本經濟結構的中國傳統社會，要達到上述目的決不是件易事。發財固須經過長期的資本累積；往上爬也須一層一層經過長期的磨練。即是說，如果你對將來有任何期待，你就必須忍受突然的天災人禍，忍受十年（也許更長一些）寒窗苦讀，或忍受政治規範所加予的一切壓力。換句話說，無論是農人盼望成為地主，或知識分

子盼望成爲官吏或聖賢，雖不能否認都具有一種成就的意向，但多半不是出於個人內心的創造欲，只是一種順從，對家族、社會或社會規範的順從。順從的框框早就擺在每個人面前，評價也幾乎是固定的，祇要佔着那個位置，如縣太爺，誰來都沒有太大的差別，除了偶然的例外。這種價值取向就造成傳統中國人的一種忍耐和順從的性格。

這種順從性格也替知識分子塑造另一種行爲模式，即所謂「三不朽」：太上有立德，其次有立功，其次有立言❸。由於中國傳統社會強調家族式的集體生活方式，人際關係特別重要，所以道德情操被列爲首要。因此，就忽略了功與言兩方面的發展。事實上，三不朽中的「立功」局限於政治上和軍事上的功，非一般屬於創造性的事功；立言則偏重於聖人之言。所以三不朽的觀念實際是把知識分子順從的道路規劃得更窄了。

從這些過程，我們可以得到幾個比較具體的意見：其一是順從。順從也存在於別的社會，但傳統中國人表現得特別強烈，因爲所有的成就價值均必須順從現存的社會規範和制度，如農人走向地主階層，讀書人走向官吏階層，造反者想做皇帝等等。造成這種順從的環境，與重農輕商政策及權威態度也有關係。在輕商政策影響之下，人民如果不願終生做農民而又想獲得社會地位，就只有讀書或讓子弟去讀書，去做官；然後就有機會獲得較大的權力，並且較有權威。如果他不順從既定的規範走下去，就可能徒勞無功。其二是勤儉。勤儉在儒家傳統中雖然發展得較晚❺，後來卻一直爲中國人所強調，在許多的

---

❸ 見《左傳》襄公 24 年，是叔孫豹對范宣子的答話。後代儒家所宣傳的意義尙較廣泛。

❺ 《論語》並未討論勤的問題；有四處討論儉，但其含義偏重於禮，卽社會規範方面，非完全指物質生活上的儉。韋政通指出是有儉的意思。

格言和家訓中都指爲一種美德。於是，好皇帝須示天下以勤儉，好家庭也必須以勤儉爲本。如龐尙鵬說：「孝友勤儉四字，最爲立身第一義」❸。在傳統中國社會是一種非常普遍的想法，也是主要行爲法則之一。農民羣中具有影響力的幾句格言，如「欲求生富貴，須下死工夫」；「勤儉持盈久，謙恭受益多」（俱見於《增廣賢文》），也是傾向於這方面。原因是生活在一種所謂「匱乏經濟」的社會中，物質條件也不容許人民懶惰、奢侈❸；另方面，如要滿足成就動機，就必須長時間付出金錢與精力，很容易養成勤勞與節儉的性格。

　　無論是順從、勤勞或節儉，本質上均屬於保守的性格。因爲，他們不是要爲自己或社會開創一個新的世界，而是在舊世界裏替傳統盡責。我們只要從下面幾個例子就可以了解是怎麼一回事：趙武靈王胡服騎射，秦始皇築長城，漢武帝開拓邊疆，隋煬帝開運河，對於軍事或政治或交通均屬創舉，然而一直爲後世所詬病❸；顏淵好在那裏？耐得住窮和寂寞而已，卻被喻爲聖人；一般人所引以自豪者，不一定是自己有多了不得的成就，而是「不失祖宗舊業」；老年人對晚輩常常不是鼓勵去做更大的事業，而是「家資不在多或少，只要兒孫守得牢」《賢文》。總之，在傳統中國社會，鼓勵進取、創新的事非常少，保守、退縮、安分、知命的言論則非常多。舉個例子，像陸游那樣的家庭，也是不能免俗，他說：「先君（時）……家人有少變其舊

---

❸　明《龐氏家訓》，頁 1, 12； 明《家誡要言》， 頁 4； 北齊《顏氏家訓》， 頁 16, 50； 淸《孝友堂家訓》，頁 10-11。均有類似記載。

❸　貴族家庭的確相當普遍地存在着懶惰與奢侈兩種類型，尤其是在門閥時代。不過，我們在這裏暫不討論這些特殊形態。

❸　傅紹會（民18: 39）也提到，在中國歷史上忠臣孝子常被尊崇，若干藝能、實業、功業等反被譏爲雕蟲小技。

者，輒不憚……嗚呼，仕而至公卿，命也；退而爲農，亦命也」；「吾家本農，復能爲農，策之上也」❸。可見保守和認命的觀念深入人心，尤其是農村人民❹。

很明顯，依照「順從的框框」而獲得成功的祇是極少數；許多人試過而沒有成功；更多的人也許連考慮的機會都沒有。因爲在一個傳統社會裏，不是任何個人想做什麼就可以做什麼。這些人往往就發出怨言，或者對社會採取一種消極和不信任的態度，如「黃河尚有澄清日，豈可人無得運時」；「但將冷眼觀螃蟹，看你橫行到幾時」；「詩書可讀，不可做官」；「貧窮自在，富貴多憂」（俱見《增廣賢文》）。這些諺語，看起來有點陳腔濫調，卻的確代表了一部份人的心聲。

三　仁義等道德價值取向所造成的性格

一般而論，傳統中國社會是一個泛道德主義❹的社會：政治上讚揚德治，社會上讚揚德行，經濟上要求別義利，個人從小就被灌輸忠孝一類的倫理思想，等等。這些觀念的主要來源是儒家經典，如《論語》、《孟子》、《孝經》、《禮記》，以及若干依據儒家思想而產生的「家訓」之類的作品，如《顏氏家訓》（北齊）、《放翁家訓》（宋）、《鄭氏規範》（元）、《龐氏家訓》（明）、《孝友堂家規》

---

❸　陸游，宋，頁1, 3。這只是一個例子，既不是自宋開始，也不止於宋。

❹　命裏有時終須有，命裏無時莫強求；君子安貧，達人知命；富貴定要安本分，貧窮不必枉思量（俱見《增廣賢文》，該書爲私塾的啓蒙讀本）。

❹　韋政通（民57: 85-107）對於泛道德主義下的傳統中國社會，會有若干討論。

(清)❹。

　　傳統中國人的基本道德規範，除極少數外❹，《論語》差不多均提到了。但討論最多，解釋也最多的是「仁」。有人說，「仁」是孔子的一大發明，不無理由。也因此，當儒家倫理思想成爲中國的傳統以後，如何實踐「仁」就成了一個爭論的問題。孔子對於仁的處理，實際不是從定義着手，而是從行動的實踐來表現它的內涵。許多次他的弟子「問仁」，他都不是回答什麼叫做仁，而是告訴他們怎麼做就是仁。也可以這樣說，孔子似乎在儘量避免用抽象的觀念去說明仁，而着重於用行動來表達個人實踐「仁」的誠意。這種「仁」實際就是建立於永久價值上對人的態度。歸納起來說，可得以下幾種解釋：

　　(1) 節制自己，遵從社會規範。如非禮勿視、勿聽、勿言、勿動、忠孝誠信等。

　　(2) 處處替別人着想。如己所不欲，勿施於人❹，己欲立而立人，己欲達而達人等。

　　(3) 用謙和的態度去建立人際關係。如愛人、恭敬、寬大、誠實、施惠、剛毅等。

　　(4) 要勇於實踐。爲「仁」由己，不由人。如伯夷、叔齊、管仲、微子、箕子、比干❹。

　　無論從那一個角度來看，孔子是在教人去磨練自己的品格，去適

---

❹　這一類作品非常多，是討論歷史上靑少年教養的好資料。

❹　義是孟子提出來的，節是宋儒提出來的。其他許多德目，孔子可能語焉不詳，但多半談到了。

❹　在〈顏淵篇〉裏孔子用它對仲弓解釋「仁」，在〈衞靈公篇〉又用它對子貢解釋「恕」。恕的意思就是推己及人。

❹　各人的情況不一樣，做法也不一樣，但孔子認爲他們是依照應該做的做了，所以都是「求仁而得仁」。

應環境，去與別人建立和諧的關係。如果環境變了怎麼辦？這時候，孔子的態度比較着重於理想的方式，即是「無求生以害仁，有殺身以成仁」（〈衞靈公〉），他舉出了伯夷、比干等人爲例。管仲豈不是違反了這個原則嗎？孔子的解釋是，管仲對齊國有很大的功勞，所以還是「如其仁」（〈憲問〉）[46]。這是很自然的事，孔子有一次回答子張問仁時就說過「敏則有功」的話，敏是仁目之一[47]。

《論語》也提到一些別的道德價值，如忠、孝、禮、義、德、恕……等，但往深一層看，它們都與仁有關聯，如遵禮即爲孝（〈爲政〉）[48]，孝慈則忠（〈爲政〉），主忠信就是德（〈顏淵〉），克己復禮爲仁（〈顏淵〉）等等。每一種道德行爲看起來像是孤立的各不相涉，實際卻是彼此連鎖。所以，我們說夫子之道忠恕而已矣，固然可以；說是仁而已矣，也沒什麼不可。總之，孔子在考慮道德價值問題時，重點放在：適應旣存的社會環境，調節人與人之間的感情，用恭順、寬大、謙讓等態度迫使自我不與環境（包括人際關係）發生衝突，以達到某種目的。所以他強調「爲政以德」（〈爲政〉），強調「行己有恥」（〈子路〉），強調「修己以安百姓」（〈憲問〉）。從這裏我們可以看得出來，Weber 和 Parsons 對於中國傳統社會的分析，即謀求適應世界和極端注重道德規範，是正確的[49]。我們要加以解釋的是，

[46]　這件事曾經子路和子貢兩人先後問過，管仲爲什麼可以不死難而做了敵人的首相？孔子都只回答是其功不可沒。

[47]　《論語·陽貨》：「子張問仁，子曰：『能行五者於天下，爲仁矣』。請問之。子曰：『恭寬信敏惠……敏則有功。』」

[48]　如：三年無改於父之道（〈學而〉），（〈里仁〉）；不犯上（〈學而〉）；生養死葬以禮（〈爲政〉）。

[49]　Parsons (1966:111) 認爲，中國儒家極端注重道德，把維護旣存社會結構當作一種責任。用 Weber 的話，這是「適應世界」，而不是「控制世界」。從價值取向來說，這是一種「特殊成就模式」(particularistic achievement pattern)。

這種以處境 (situation) 爲中心或集團主義❺傾向，在孔子時代還只是一種以道德規範爲基礎的人際關係的擴展，宗族和鄉黨雖是表現個人情感的對象，但尚未形成爲一個壓力團體。兩漢的鄉選里舉，魏晉的九品中正，唐以後的科舉，由於特別強調家族和地方主義❺，才使儒家的集團主義世界變爲一個多邊的結合體（如圖 18），即：

以處境爲中心的集團主義＝道德規範＋家族主義＋地方主義

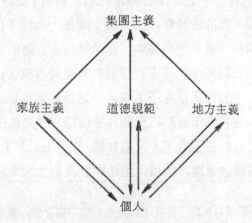

圖 18 儒家的傳統中國社會模型

即是家族主義，道德規範和地方主義三者不獨形成一種集團主義的行爲模式，也造成對個人行爲的壓力。這種壓力迫使個人只有對權威和傳統低頭，只有在集團所承認的路線上謀求發展。個人和集團所表現出來的性格是事事順從謙讓；否則就是偏差行爲。孔子還相當程度的尊重個人，戰國以後，個人的地位就越來越小了。

---

❺ Hsu (1955: 10-11; 1963: 1-2, 224-5) 強調處境； Parsons (1966: 195-7) 強調集團主義。

❺ 不管是選舉或科舉，其名額分配均以所屬地爲標準；一旦成功即被認爲是「光宗耀祖」的事。

　　戰國以後，儒家派別甚多❷，眞能替《論語》中的孔子思想❸作說明並加以發揚的，首推《孟子》、《禮記》、《孝經》諸書❹。《孟子・離婁上》記孔子曰：「道二：仁與不仁而已矣」❺。這話頗能傳孔子之心，孔子的確認爲仁是一切道德的根本。孟子除了繼承這個道統，還特別強調義，仁義對舉，在《孟子》一書中經常出現，如「王何必曰利，亦有仁義而已矣」（〈梁惠王・上〉）；「仁，人心也；義，人路也」（〈告子・上〉）。什麼是仁義？他用「惻隱之心」和「羞惡之心」來說明兩者的內涵❻，而從父子關係上表現「仁」的開端，從君臣關係上表現「義」的開端❼。在孟子看來，這兩種關係也弄不好的話，便不用說對其他的人了。總括仁義禮智四種德目來說，這就是人性中之善；善可以說是孟子道德論的總體。善也是表現在一種人際關係上，而以自我爲出發點，正如孔子所說：「爲仁由己，而由人乎哉」（〈顏淵〉）？孟子的「人人親其親，長其長，而天下平」（〈離婁・上〉）是同樣的道理。所以，孟子在道德觀念的本質上是承襲孔

---

❷　《韓非子・顯學篇》：「自孔子之死也，有子張之儒，有子思之儒，有顏氏之儒，有孟氏之儒，有漆雕氏之儒，有仲良氏之儒，有孫氏之儒，有樂正氏之儒。」

❸　傅斯年（民19: 140-41）認爲《論語》中的孔子思想只是全部中的一部分。而且屬於有子曾子一派的記錄。我很贊同此說，因爲現今之《論語》幾乎以道德爲中心題材。

❹　一般認爲《禮記》、《孝經》是戰國末年作品。參閱馮友蘭（民22: 175-83；民36: 446-56；王正已，民22: 170-4）。

❺　《孟子》所引，今本《論語》無此二句。

❻　〈公孫丑・上〉：「無惻隱之心，非人也；無羞惡之心，非人也；……惻隱之心，仁之端也；羞惡之心，義之端也」。〈告子・上〉：「惻隱之心，仁也；羞惡之心，義也」。

❼　〈梁惠王・上〉：「未有仁而遺其親者也，未有義而後其君者也」。

子，只是加重了若干部份，並且把理論普遍化❸。

《孝經》的主體在於強調孝的形式與功能，如「夫孝，德之本也」（〈開宗明義章〉）；「夫孝，天之經也，地之義也，民之行也」（〈三才章〉）；「人之行，莫大於孝」（〈聖治章〉）等等。《孝經》把一切行為都用「孝」的法則來衡量；反過來，所有行為如果合於孝的原則，就無往而不利了。《孝經》所言雖不多，但對漢以後的中國社會影響甚深，甚至已經發展為一切道德價值的核心。孔子時代祇承認「孝弟也者，其為仁之本與」（〈學而〉）？即為實踐仁的一種手段。《孝經》卻把它當作一個目的。這一轉變是很大的。

《禮記》包括了《大學》、《中庸》，問題複雜些。就大體而論，它是儒家社會規範的一個綜合體，強調以「合理」來處理人際關係（包括生養、死葬等問題）。這種「禮」是有階級性的，天子、諸侯、庶人，每一個階級都必須各守本分，所謂「禮義立則貴賤等矣」（〈樂記〉）。禮是做什麼的？「夫禮者，所以定親疏，決嫌疑，別同異，明是非也」（〈曲禮‧上〉），而「道德仁義，非禮不成」（〈曲禮‧上〉）。在《禮記》的作者們看起來，禮又是一切行為的準則。此外，《大學》提出了「修齊治平」的原則，《中庸》提出了「誠」，都是對後世影響甚大的道德價值標準，而「治平」之道也與「誠」有密切關聯，所謂「誠意正心」（《大學》）正與「誠者，物之終始；不誠無物」（《中庸》）是互相發明的。

歸納上述幾種道德價值，我們可以這樣說：孔子的價值焦點是仁，孟子是善（以仁義為本），《孝經》是孝，《禮記》是禮與誠。事實上，它們的來源都是孔子的「仁」，只是各人所強調的重點稍有

---

❸　蔡元培（民57：22）認為「孟子之倫理說，注重於普遍之觀念，而略於實行之方法」。

差異。這些價值本質上是互相連貫，不是孤立存在。

　　我們還要提出來討論的一個問題是「忠」。《論語》有四個地方談到忠，最值得注意的是孔子答定公的話「君使臣以禮，臣事君以忠」（〈八佾〉）。頗有點像後世忠君愛國之忠，但細察起來，這個「忠」仍然是「為人謀而不忠乎」（〈學而〉）？以及「孝慈則忠」（〈為政〉）一類的「忠」❺，即忠於事而非人。這種忠的意義也為《孟子》、《禮記》所承續❻。如「教人以善謂之忠」（《孟子・滕文公・上》）；「我必不忠，自反而忠矣」（〈離婁・下〉）；「忠信，禮之本也」（《禮記・禮器》）；「忠臣以事其君，孝子以事其親」（《禮記・祭統》）。沒有任何新義。但《孝經》作了進一步的解釋，它說，「故以孝事君則忠」（〈士章〉）。這就是後來所謂「移孝作忠」的忠君思想的最早根據。上面幾種主要道德價值可用圖表示如圖 19：

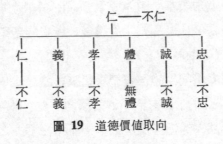

圖 19 道德價值取向

很明顯的，他們都喜歡用二分法來解決問題，這樣，所遭遇的困難固然比較少，然而問題本身卻得不到徹底的解決，並且往往產生新的問

---

❺　《論語》也提到「主忠信」，「忠恕而已矣」。這些忠的含義却更接近忠於事而非忠於人的觀念。

❻　孟子還提到「壯者以暇日修其孝悌忠信」（〈梁惠王・上〉）；「其子弟從之，則孝悌忠信」（〈盡心・上〉）；「仁義忠信，樂善不倦」《禮記》；還提到「君仁臣忠」（〈禮運〉）；「儒有忠信以為甲冑」（〈儒行〉）。都與忠於人無關。

題。

這些價值取向，就它積極的一面來說，也只是鼓勵人去建立一種和諧的、謙讓的、和誠實的人際關係，並不教人去突破舊有藩籬，而創造合理的新規範。所以經常在重要關頭把人往老路上拉，如見利必須思義；勇者不必有仁；無惻隱之心就不是人等等。都使一些對社會有遠見的人裹足不前，只得在舊有的規範中因循下去。這也使個人的性格受到更大的壓力，因為忠或不忠，孝或不孝把個人在社會上的地位劃分得非常明顯，非此即彼，毫無其他選擇的辦法。於是，個人只得對既存的社會規範屈服，也就是表現更大的謹慎與順從。

董仲舒是繼承以孔子思想為主❺❶的道德傳統，加上陰陽五行❺❻之說，發展而為漢代的儒家倫埋。

儒家思想到了東漢晚期，已經為讖緯、迷信所左右，完全失去了原有的精神；就是倫理方面也到了「舉孝廉，父別居」的墮落階段。所以像王充一類的人便出來反抗。他的《論衡》就是針對時弊——讖緯和迷信——而提出反抗，連帶也就反了儒家❻❸，而以道家的自然主義為其立論的基礎。他的書雖然在當時遭到禁止，但從百餘年後蔡邕讀到該書的表情看來❻❹，當時俱有同感的知識份子一定不在少數。這

---

❻❶　董仲舒的〈賢良三策〉（《董子文集》）基本上是以孔學為立論依據，但也接受了孟子的意見，如「夫仁人者，正其誼（義）不謀其利，明其道不計其功」（《漢書》本傳，答武帝問）。

❻❷　在〈賢良策一〉可以看出一點痕跡，但不十分明顯。《春秋繁露》就表現得很強烈了，可是有人認為該書不是董仲舒的。

❻❸　他說：「世儒學者，好信師而是古。」可是，又怎能證明聖賢所說的話都是對的呢？他們自相矛盾的地方也不少（《論衡・問孔、刺孟》）。

❻❹　據說蔡邕入吳才見到該書，把它帶到洛陽，陽振孫有一段話說「王朗常詣蔡伯喈（邕）求askew，至隱處，果得《論衡》，捉取數卷將去，伯喈曰：『惟我與汝共，勿廣也。』」

也爲魏晉南北朝的佛道思想起了帶頭作用。

　　曹操是第一個起來反傳統的人，一方面固然爲環境所迫❻，另一方面也因儒家倫理實在無法應付當時艱難的局面，才在〈求賢令〉內說：「夫有行之士，未必能進取；進取之士，未必能有行也」《魏武帝集》，卽使是「不仁不孝，而有治國用兵之術」（同上）者，他也要錄用。曹操這一轉變，的確爲後來幾百年帶來不少麻煩，使儒家倫理受到了空前未有的挫折。

　　以知識分子而論，魏晉着重老莊的自然主義，反禮法，非聖賢❻，這從何晏、王弼的著作以及阮籍、嵇康等人的處世態度可以看得很清楚❻，佛學在這時候還只是依附於老莊門下作爲清談的談資。南北朝至唐就可以說是佛學的天下了，韓愈、李翺只不過是替儒家開闢了一條反佛的道路。

　　在恢復儒家思想的過程中，韓、李固然是先驅，二程（程顥、程頤）卻是主要的功臣。朱熹，一般認爲是理學之集大成者，在思想上正繼承了孔孟二程以來的道統，他自己也頗以能爲程氏再傳弟子而自豪❻。不過，這裏我們不討論他們的哲學，只談他們對道德價值的態度以及對後世的影響。

　　程明道（顥）主張「立人之道，同仁與義」（《遺書》卷11）❻。

---

❻　經過董卓等亂後，人民流散、死亡，戶籍都沒有了，也就無法用鄉選里
　　舉的辦法來選拔人才。

❻　參閱容肇祖（民55：1-54；民46：133-136）。

❻　何、王以老莊思想注《論語》，阮籍的放蕩不羈，嵇康對人生的否定等。

❻　〈大學章句序〉：「河南程氏兩夫子出，而有以接乎孟氏之傳……雖以
　　熹之不敏，亦幸私淑而與有聞焉。」朱熹距伊頤之死約百年。

❻　這是借用〈繫辭〉的話，周敦頤也討論了同樣的問題（見朱熹《近思
　　錄》卷1）。

而「義禮智信皆仁也，識得此理，以誠敬存之而已」（《遺書》卷2）。這正是用孔子的道德思想來解釋孟子，而以《學》《庸》爲實踐的方法論。仁是道德的本體，誠與敬是實踐仁的方法。

朱熹認爲：「仁字，須兼義禮智看，方看得出。仁者，仁之本體」⑩（《朱子語類輯略》卷之1）。與程顥的說法完全一致，還清楚些，後一點也完全符合孔子的意思。但他又說「仁義禮智，性也。性無形影可以摸索，只是有這理耳」（《朱子語類》卷6）。性看不見，摸不着；情卻是看得見的，比如惻隱、羞惡之心等。從情的表現也就可以判斷出個人的性是什麼。這是他以情識性的方法，除了方法不同外，理論是孟子的。他說：「聖人千言萬語，只是教人存天理，滅人欲」（《朱子語類》卷12）。這一轉，就把道德觀念套進了當時的盛學，心性理欲的圈子裏了。所以，從道德價值取向來說，理學對儒家倫理並無多大發展。只是把問題推進到另一種解釋的領域，比較具體而合乎理論上的要求。但理欲之說，對個人性格上的束縛卻比以前加重了，使個人行爲受到更大的限制。

孝，在孔孟時代雖已被重視，但尚有許多相對的關係存在，絲毫沒有所謂孝治思想⑪。宋儒的孝卻是取孔孟的一部份（即專門指父子關係那一部份）以及《孝經》的觀念而成爲一種幾乎是子對父的絕對義務，所謂「居家孝弟，有廉恥禮遜」（《近思錄》卷9引程明道語）。即完全想用孝思的觀念來節制人民的行爲。宋儒另外提出來的一個觀念，影響後世甚大的是「節」。早期知識分子所談到的節，多半是名節、氣節一類的觀念，宋儒卻把它用在「餓死事小，失節事大」

---

⑩　程伊川曰：「仁者，天下之公，善之本也」（《近思錄》卷1）。
⑪　徐復觀（民57：167）認爲「先秦儒家中，沒有孝治思想」。顏是。

中， 用以形容女人的貞操。 於是， 忠孝節義成爲世俗的主要道德價值， 直到今天還在被引用。

《古今圖書集成‧學行典‧孝弟部‧名賢列傳》搜集了歷代以孝弟著稱的名人：從後漢至隋，每代大約 30 人左右，唐代增加到 159 人，宋代有 433 人，元 412 人（其中 4 人爲蒙古人），明有 4,491 人。這種趨勢，一方面固可解釋爲近代資料較全的原因，另方面還是宋儒強調孝行所引起的結果。孝行的被重視，在前述各種「家訓」中也可以看得出來。由這些觀點，就把年輕人訓練成安守本分，聽話，以恭敬、禮讓爲懷，或是安貧樂道，知足不辱等等。如《增廣賢文》所強調的：「錢財如糞土，仁義值千金」；「命裏有時終須有，命裏無時莫強求」；「知足常足，終身不辱」；「千金萬典，孝義爲先」。《三字經》、《千字文》也是從這一個方向來教育年輕的一代，這些書希望所教出來的青年人是規規矩矩，而又有禮貌。當然，在《增廣賢文》一書中也有若干反道德的傾向，如「人言未必盡眞，聽話只聽三分」；「莫信直中直，須防仁不仁」；「見事莫說，問事不知；閑事莫管，無事早歸」。但它的影響力究竟不如教人向善來得大。

四　結　論

價值取向與國民性之間有時候無法截然劃分，某一種價值取向也往往就是某一種國民性格，如權威價值取向與權威性格。但有時候由於所代表的意義略有不同，我們就不得不從某種價值取向所導致的性格而分別加以討論，比如從成就價值取向可以看出忍耐、順從、保守等性格。

用文獻資料，從價值取向來討論中國國民性不是沒有問題，但也

不是完全不能做。價值、社會規範、社會制度、行動法則都是屬於社會文化的一部份，從這些部份還是可以綜合出某些集團性格。如 Riesman 的《寂寞的羣眾》，McClelland 的《成功的社會》，Lipset 的《第一個新興國家》，Hallowell 的《文化與經驗》等❼❷，都是大量利用文獻資料來描述人羣的思想行為和性格，並且得到極大的成功。正如 Kardiner 說的：「價值體系不只是意識的，也充滿於一個文化中的每一種行動和關係中」❼❸。

春秋戰國是百家爭鳴的時期，思想上可以說沒有多少傳統；漢武帝獨尊儒家以後，除魏晉至隋唐分由老莊及佛學扮演要角外，思想上是儒家獨霸的局面，儒家就成了中國人的傳統。因此，我用儒家經典作為分析統治階層及知識分子價值與性格的基本資料；用幾種啟蒙讀物，如《三字經》、《千字文》、《增廣賢文》等作為分析一般人民的資料❼❹；而用家訓、家規作為分析青年及成年社會化過程的資料。許多家訓雖然是千篇一律地說些灑掃應對一類的話，但千篇一律正有它的社會化功能。

我把 Parsons 的三種價值取向，即認知取向，評價取向和道德取向作為分析中國價值的理想形態。對於相關的各項，我選取了三組我認為比較主要的中國人的價值取向，即傳統與權威取向，重農與重

❼❷ Riesman (1950) 用三種價值取向分析美國歷史上的三種人格類型；McClelland (1968) 用成就需要討論美國的社會形態；Lipset (1967) 用價值體系分析美國的社會性格，經濟成長諸問題；Hallowell (1955) 用文獻資料討論 Woodland Indian 的人格結構。

❼❸ Kardiner, et al. (1959:237).

❼❹ 無論後來是知識分子或非知識分子，啟蒙時均須讀這些課本，但其中有一點分別，知識分子後來昇化到四書五經去了；而非知識分子仍留在原來的位置，常常引用啟蒙課本中的話來解釋他自己的思想和行動。

功名取向，和仁義等道德取向。三種價值取向導致了幾種主要性格，即權威、保守、謙讓、謹慎、依賴、順從、忍耐、勤勞、節儉、安分等性格。這些性格，若加以分類，我們可以這樣說，勤勞節儉與重農的特殊價值取向有較密切的關係；保守順從忍耐與重功名的特殊價值取向有關；謙讓謹慎與道德的特殊價值取向有關；權威價值取向則影響較大，幾乎涉及中國人的每一種性格。事實上，各種價值取向本身也有許多互相牽連的地方，並非絕對孤立。綜合起來，我們可以用下面的圖來表示❼：

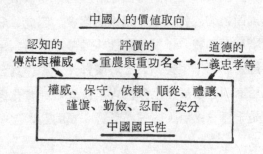

中國人的價值取向

認知的	評價的	道德的
傳統與權威 ←→	重農與重功名 ←→	仁義忠孝等

權威、保守、依賴、順從、禮讓、謹慎、勤儉、忍耐、安分

中國國民性

圖 20　價值取向與國民性

這些性格，雖因時代與環境的變異而多少也有些變化，比如臺灣的工商界人士及知識分子就不像傳統的農業社會那樣保守，而具有若干創造和進取精神，甚至農人的保守性格也變了不少；一般人們也不會盲目的安貧樂道等等。可是，原有的性格也並未完全消失，甚至仍舊可以在目前的社羣中找出任何一種性格，如政治、家庭及社會上的權威態度，對尊長要禮讓等等。這都說明，價值的轉變實在相當困難。

---

❼　本表在接受楊國樞先生批評後，作了若干修正。

參 考 書 目

文崇一

　　民59　〈M. 韋伯及其學說思想〉，《思與言》8 卷 4 期。

王正巳

　　1933　〈孝經今考〉，《古史辨》第四册。香港：太平。

中華書局

　　民46　《魏晉思想論》。臺北：中華。

朱　熹

　　宋　　《朱子學的》，《叢書集成初編》第 639 册。上海：商務。

　　　　　《朱子語類輯略》，《叢書集成初編》第 644 册。上海：商務。

　　　　　《近思錄》，《叢書集成初編》第 630-633 册。上海：商務。

朱岑樓譯

　　民56　《社會學》（L. Broom and P. Selznick 原著，*Sociology*）。
　　　　　臺北：新陸。

李　塨

　　清　　《小學稽業》，《叢書集成初編》第 985 册。上海：商務。

韋肇祖

　　民46　《魏晉思想論》。臺北：中華。

　　民55　《魏晉的自然主義》。臺北：商務。

韋政通

　　民57　《傳統與現代化》。臺北：水牛。

袁　采

　　宋　　《袁氏世範》，《叢書集成初編》第 974 册。上海：商務。

孫奇逢

　　清　　《孝友堂家訓》，《叢書集成初編》第 977 册。上海：商務。

《孝友堂家規》，《叢書集成初編》第 977 冊。上海：商務。

徐道鄰譯

　　民46　〈人類價值種種〉（Charles Morris 原著）《現代學術季刊》
　　　　　第 1 卷第 4 期。香港：東南印務出版社。

徐復觀

　　民57　〈中國孝道思想的形成，演變，及其歷史中的諸問題〉，《中國
　　　　　思想史論集》。臺中：東海大學。

陸　游

　　宋　　《放翁家訓》，《叢書集成初編》第 974 冊。上海：商務。

張春興、楊國樞

　　民58　《心理學》。臺北：三民書局。

馮友蘭

　　民22　〈大學爲荀子說〉，《古史辨》第 4 冊。香港：太平。

　　民36　《中國哲學史》。上海：商務。

傅紹曾

　　民18　《中國民族性之研究》。北平：文化學社。

傅斯年

　　民19　〈評「春秋時的孔子和漢代的孔子」〉，《古史辨》第 2 冊。香
　　　　　港：太平。

楊國樞

　　民54　〈現代心理學中有關中國國民性的研究〉，《思與言》2 卷 5 期。

賈馥茗

　　民55　〈幾個重要的人格心理學說的論述〉，《師大學報》第11期上冊。

董仲舒

　　漢　　《董子文集》，《叢書集成初編》第 523 冊。上海：商務。
　　　　　《春秋繁露》。臺北：世界。

蔣　伊

　　清　　《蔣氏家訓》，《叢書集成初編》第 977 冊。上海：商務。

趙　鼎

　　宋　　《家訓筆錄》，《叢書集成初編》第 974 冊。上海：商務。

蔡元培

　　民57　《中國倫理學史》。臺北：上海：商務。

鄭太和

　　元　　《鄭氏規範》，《叢書集成初編》第 975 冊。上海：商務。

顏之推

　　北齊　《顏氏家訓》，《叢書集成初編》第 970–71 冊。上海：商務。

龐尚鵬

　　明　　《龐氏家訓》，《叢書集成初編》第 976 冊。上海：商務。

Apter, David E.

　　1967　*The Politics of Modernization.* Chicago: The University
　　　　　of Chicago Press.

Du Bois, Cora

　　1961　*The People of Alor.* N. Y.: Harper & Row.

Firth, Raymond

　　1953　The Study of Values by Social Anthropologists, *Man*
　　　　　LIII, October.

Fromm, Erich

　　1969　*Escape from Freedom.* N. Y.: Holt.

Hallowell, A. I.

　　1955　*Culture and Experience.* Philadelphia: University of
　　　　　Pennsylvania Press.

Hsu, Frarcis L. K.

　　1955　*Americans and Chinese:* London: Cresset.
　　1963　Caste, Class, and Club. N. Y.: Van Nostrand.

Kardiner, Abram, R. Linton, C. Du Bois and J. West

    1959　*The Psychological Frontiers of Society* (7th Printing). N.Y.: Columbia University Press.

Kluckhohn, Clyde

    1962　Values and Value-orientations in the Theory of Action: an exploration in definition and classification, in: T. Parsons & E. Shils eds., *Toward a General Theory of Action*. N.Y.: Harper.

Lipset, Seymour

    1967　*The First New Nation: The United States in Historical and Comparative Perspective*. N.Y.: Doubleday.

McClelland, David C.

    1968　*The Achieving Society*. N.Y.: The Free Press.

Parsons, Talcott

    1963　*Structure and Process in Modern Societies*. N.Y.: Free Press.

    1965　*Social Structure and Personality*. N.Y.: Free Press.

    1966　*The Social System*. Toronto: Collier-Macmillan.

Parsons, T. & E. Shils

    1962　Values, Motives, and Systems of Action, in *Toward a General Theory of Action*. N.Y.: Harper.

Riesman, David, N. Grazer and R. Denney

    1950　*The Lonely Crowd*. New Haven: Yale University Press.

Weber, M.

    1965　*The Theory of Social and Economic Organization*. N. Y.: Free Press.

價值與國民性

　　價值是個人或社羣用以判斷事物或行爲的一種標準，從價值判斷可以使人理解什麼是合乎社會規範 (social norm) 的正當行爲，什麼又是違反社會規範的偏差行爲，所以價值實際上也就是一種從行爲上表現出來的態度 (attitude)。態度，從另一方面來說，它又是一種性格特徵。具有某一種性格特徵的個人或社羣也必然表現同一的行爲趨向。比如，富於保守性格的人，他的態度傾向於遵守傳統規範，而以傳統價值爲他的評價標準。

　　把社羣的羣體擴大到以國家爲討論的對象時，某一些爲一國國民所共有的性格特徵就是國民性 (national character)。所以，從實用方面來看，國民性的研究的確有助於對一國人民行爲趨向的了解；不過，也有它的缺點，就是無法確定這種性格究竟表現在那種行爲上。比如我們說，德國人富於攻擊性格，這種性格的發展主要是在侵略別的國家，還是對自己的事業特別有進取心？我們說中國人是保守的，保守也不見得就願意不作任何改變？所以，從價值變遷的觀念來說，我們還得注意價值與國民性兩者間的互動關係。

　　從國民性研究發展的趨向來說，R. Benedict 是這一學術領域中的開創者。她的《文化模式》(*Patterns of Culture*) ❶ 一書雖不是以

---

❶　Benedict 的書出版於 1934 年，係討論三個印第安部落(Zuni of New

國家為對象，卻是第一次以心理學的方法把文化當作一個整體來討論，對以後的國民性研究有很大的影響。二次大戰期間，美國許多人類學家、心理分析學家等開始對日本、德國、俄國等作國民性的研究❷，出名的如 Benedict 的《菊花與劍》(*The Chrysanthemum and the Sword*, 1946)，Schaffner 的《祖國：德國家庭權威的研究》(*Fatherland: A Study of Authoritarianism in the German Family*, 1948)，Gorer and Rickman 的《蘇俄人民》(*The People of Great Russia*, 1949)，Mead 的《蘇聯人對權威的態度》(*Soviet Attitude Toward Authority*, 1951) 等。同時不少有關討論國民性的理論也出現了，如 Mead, Gorer, Bateson, Fromm 和 Kardiner 等人。當時，對於國民性的討論，真可以說是很熱門，但這種現象只維持到 1940-50 年代間，1960 年代以後就漸漸少起來了❸。目前似乎只是偶爾可以讀到這類著作。

　　人類學家與心理學家對於國民性的研究，一般都強調兒童教養 (child training)，學習方式 (learning theory)，和成人社會化 (adult socialization)等問題，也即是說把性格與文化 (culture and personality) 作為一個整體的問題來討論。不過，就是在這種差不多一致的步調上還是有重點的不同，比如 Riesman 着重於用社會文化來分析美國人的三種人格類型❹；S. Lipset 除社會文化外，還加上

(續)Mexico, Dobu & the North-West Coast of America) 的文化問題。Mead 在 1958 年再版的序中曾讚譽她的成就。Gorer (1954:247) 認為她的著作係受了 Freud 的影響。
❷ 參閱 Inkeles & Levinson (1954:418-421)；Mead (1953:17-18).
❸ 後來有不少人發覺，範圍太大，因素不易控制是主要原因之一。
❹ Riesman (1950: 23-41)；(1964: 251-253).

歷史的觀點❺；Mead 的基本觀點雖立足於文化與人格，卻特別強調兒童教養的基本因素❻；其餘大部份的國民性研究者，如 Mead, Fromm, Kardiner, Gorer, Hallowell, Inkeles, Levinson, Murphey 等人，對於人格、文化和社會都是並重的❼。這些人認為，對於國民性的研究，從抽樣中作些心理分析是必需的，並且是基本的，但也不可忽略個人或集團在成長中所受環境，即社會文化的影響。

基於對國民性了解的方式不同，幾十年來，多種性質略異的名詞被不同（有時是相同）的人使用着。如「文化性格」(culture character: Benedict)，「社會性格」(social character: Lipset, Fromm)，「基本性格」(basic character: Gorer, Erikson)，「國民性格」(national character: Gorer, Riesman, Benedict, Maudelbaum, Mead, Inkeles, Levinson, Bell)，「社會人格」(social personality: Honigmann)，「基本人格」(basic personality: Kardiner)，「眾趣人格」(modal personality: Linton, Fromm, Hallowell, Inkeles, Levinson)，「集團人格」(group-personality: Murphey)，這些名詞表面上所代表的意義及層次的確有些不同，但實質上並無太大的差異，主要均在於找出某一社會中人羣所共有的或足爲代表的某些性格。在這些名詞中，目前用得比較普遍的是「眾趣人格」和「國民性」兩種。

---

❺ Lipset (1967a: 319).
❻ Mead (1953: 651).
❼ Mead (1953: 642, 651)；Kardiner et al. (1959:218)；Gorer (1954: 247)；Hallowell (1955: 32-33, 59)；Inkeles & Levinson (1954). Inkeles (1961: 173-175)；Murphey (1965:146)，還有許多別的人。

依照 Fromm 的意見，性格（character）是現存社會中的一種特殊形態，由於人類適應的需要而形成的人類各種不同的能力，它「決定每個個人的思想，情感和行動」❽。這也就是說，個人或集團的思想和行為是由個人或集團的性格所決定。所以 Inkeles 認為，國民性就是「一個人羣所有價值、制度、文化傳統、行動方式和歷史的『總體』」❾。這個說法，也很接近 Mead 的意見❿，Mead 只不過比較強調兒童教養而已⓫。後來 Bell 從理論的歷史觀點，於比較諸說之後，把國民性分成五點來討論⓬，他的一至四點實際就是包括歷史、傳統、法律、價值、習俗、態度等，第五點為眾趨人格。因而我們假如從下述四方面來討論國民性，應該不失為一個可行的辦法：

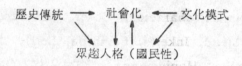

心理學家也許不同意這個辦法，而它卻具有社會文化的意義。因為從

---

❽ 採自 Inkeles & Levinson (1954: 278). Honigmann (1967: 100) 也用了差不多相同的解釋。

❾ Inkeles (1961: 173, 173-175).

❿ Hsu (1969: 22) 把 Mead 的意見畫成一三角關係：

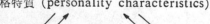

⓫ 前面已經談過，並參閱 Mead (1954: 401-402).

⓬ Bell (1968: 118-120)。五點是：①國家信條，②國家傳承，③國家類型，④國家意識，⑤象趨人格。

「價值」來探討國民性問題，也卽是從文化的觀點來討論國民性，必將涉及歷史、傳統、社會規範、社會制度以及社會文化等。不過，Bell 把「價值」放在他的第一類「國家信條」中來討論⑬，顯然把問題看得太窄。過去用價值取向 (value-orientation) 或價值體系 (value system) 的觀念來討論歷史上的國民性或人格，曾經有過許多成功的例子，如 Riesman 的《寂寞的羣眾》(*The Lonely Crowd*) ⑭，McClelland 的《成功的社會》(*The Achieving Society*) ⑮，Lipset 的《第一個新興國家》(*The First New Nation*)⑯，Hallowell 的《文化與經驗》(*Culture and Experience*) ⑰。這種大量利用文獻資料的描述方法，雖然無法得到從統計資料上顯示出來的「眾趨人格」，但對於過去社會人羣若干思想和行為的模式還是可以理出一個大概，卽是，至少可以說明某些類型的國民性格。正如 Kardiner 所說：「價值體系不只是意識的，也充滿於一個文化中的每一種行動和關係中」⑱。

價值，像國民性一樣，本身只是一個抽象的概念，但可以從行動

---

⑬　Bell (1968: 118).

⑭　Riesman (1950) 是用三種價值取向來自分析美國歷史上的三種人格類型：傳統向 (traditional directed)，內向 (inner-directed)，他向 (other-directed).

⑮　McClelland (1968) 用「成就需要」(need for achievement) 來討論美國的社會形態。

⑯　Lipset (1967) 用 Parsons 的價值分類方法來討論美國社會性格及社會發展、經濟成長諸問題。

⑰　Hallowell (1955) 利用已有的資料重建 Woodland Indian 的人格結構，並且相當成功。

⑱　Kardiner, et al. (1959: 237).

的目的，行為的方式，以及慾望等方面觀察出來❶，因為價值是文化的產物。不管它是代表某一特定的目的或行動的方向❷，它是人類文化體系及人格體系❷中重要的一部份。所以，價值體系對文化有一種穩定的作用，它可以保證我們的行動和思想為合理，以及我們的行為為社會所允許，它對於維護社會擔任了一個重要的角色❷。Firth所謂「價值幫助我們了解行動的意義」❷或「領導行為」❷，也正是這個意思。個人在集團或社會中既不能孤立，就必須藉評價體系作為溝通彼此的橋樑。這種情形，確乎有點像 Du Bois 的說法：「任何文化的價值前提被認為與一些假設相關：人對於宇宙的認知，人與宇宙的關係，以及人與人之間的關係」❷。所以價值有時候被認作是事物的，有時候是動機的，有時候又是目的的❷。總之，第一，價值雖不是一種存在的實體，然而可以從人類的欲望、興趣、動機、目的等諸意向表達出來，例如個人對宇宙、人生的看法，對某些事物的愛好或厭惡等等。第二，價值不是一種獨立的存在，必需通過某種評價體

---

⑲ Kluckhohn (1962: 395).

⑳ Parsons (1963: 172).

㉑ Parsons (1966: 6) 把行動體系 (action system) 分為三類：社會體系 (social system)，人格體系 (personality system)，和文化體系 (cultural system)。 後來又增加了一種行為有機體或行為體系 (behavioral organism).

㉒ Foster (1962) Kardiner 認為是一種普遍接受的評價模式，包括個人互動關係、成就、目的、承認滿足的方式，以及社會理想 (1959: 234-235).

㉓ Firth (1953: 147).

㉔ Firth (1963: 43).

㉕ Du Bois (1967: 225). 實際，她的說法並不完全。

㉖ Firth (1953: 151).

系或人際關係，如認知標準，社會規範，才有它的意義。第三，價值影響人的行為，係透過歷史的傳統和普遍化的傾向而達成的。因此，一種新的價值觀念不可能立即為社羣所接受，或在社羣中發生巨大的影響力。

　　每個社會都有它不同的歷史和文化傳統，因而表現在價值取向的差異也就相當大。比如說，美國人看重成就（achievement）、平等（equality）、自由（freedom）❷；俄國人看重忠實（loyalty）、受尊敬（respect）、誠實（sincerity）❷；中國人看重孝順、功名、權威等。價值取向的說法有許多種❷，依 C. Kluckhohn 的意見：「就影響行為來說，價值取向是一種自然的，人在自然中的，人際關係的，和欲望與非欲望的普遍化與組織化的概念（conception），即指它們對人與環境和人類相互間的種種關係」❹。換句話說，價值取向就是指個人或集團在某一特定環境中，或社會中，對事物取捨或判斷的一種評價標準。這種關係可以是人際的，也可以是人與環境的。比如美國男人在結婚後總是和父母分居，這一事實，從價值取向而言，包含兩種意義：一種是表示他在經濟上有獨立的自信❺；另一種是對社會而言，他必需去創造屬於他們自己的前途，即成就。反過來，傳統的中國男人就不能這樣，因為離開父母，社會認為他們不孝，而事實上他們也只能依賴家庭經濟過活。美國人在自信中尋求成就，所以

---

❷　Lipset (1967d); Williams, Jr. (1964: 173-216).

❷　Honigmann (1967: 5).

❷　Parsons, Kluckhohn 等人。

❸　Kluckhohn (1962: 411).

❸　自信（self-realiance）是美國國民性之一，許多研究美國人的學者都強調這一點，如 Francis Hsu (1961: 216-218).

強調「個人」(individualism) ❸；中國人則在依賴中表現孝順，所以家族成為個人生活重要的一環。

討論價值問題時，為了方便起見，不免要把它們分成若干類。可是，這種分類，自 Perry 開始❸，已不下幾十種，我們究竟照誰的來作呢？當我討論「中國傳統價值的穩定與變遷」❸時，曾經綜合 Perry、Spranger、Firth 和 Rescher ❸等人的意見，把傳統中國價值劃分為六類，即：(1) 經濟的價值，(2) 政治的價值，(3) 社會的價值，(4) 儀式的價值，(5) 成就的價值，(6) 道德的價值❸。這種分類的好處是容易處理資料，條理清淅；壞處是對於牽涉較為廣泛的價值，難免重複討論。事實上，分類只是一種理想類型 (ideal type)❸，

---

❸ 個人主義是美國人若干重要價值之一。所以 Francis Hsu (1953: 10) 把美國人叫做「以個人為中心」(individual-centered) 的社會，而中國是「以處境為中心」(situation-centered) 的社會。

❸ Perry (1926: 693) 曾經提出三種分類法，第一是哲學性的分類：真、美、善；第二是心理學的分類：肯定——否定，獨立——依賴，服從——攻擊，個人——社會……等等；第三是歷史的分類：認知、道德、經濟、政治、審美、宗教。

❸ Wen (1971)。該文是一個初稿，曾在第 28 屆東方學者會議宣讀過。

❸ Perry (1926: 694) 認為最好還是用他的第三種分類法，即認知的(cognitive)、道德的 (moral)、經濟的 (economic)、政治的 (political)、審美的 (aesthetic) 和宗教的 (religious)；Spranger (see Holt, 1962: 43) 分為理論的 (theoretical)、經濟的、審美的、社會的 (social)、政治的、宗教的。此法曾得到許多人贊同；Firth (1963: 43) 分為工藝的 (technological)、經濟的、道德的、儀式的 (ritual)、審美的、社團的 (associational)；Rescher (1969a: 13-19) 提出好幾種辦法分類，其中之一是分為 10 種。

❸ 後來我又加了兩種，即認知的和審美的。

❸ Max Weber 首先提出理想類型來討論社會結構和權威形態（文崇一，民59: 39）。

一種假設，我們沒有堅持某種成見的理由。如果只是選擇若干種價值取向來討論國民性，我認爲可以採用 Parsons 對於價值取向的分析方法來作爲討論的依據，也就是說，把它當作一種「理想類型」。理想類型只是一種分析時的工具，並不是作爲一種「模式」(model)，這一點很重要。

Parsons 的「價值取向標準類型」(types of standards of value-orientation) 有三個，卽：(1) 認知的 (cognitive)，(2) 評價的 (appreciative)，和 (3) 道德的 (moral)❸ 。依照 Parsons 的意思這只是表明「行動者」(actor) 在某一處境 (situation) 下對價值取向所採取的辦法而已。卽是，當行動者面臨某一問題時，就必須遵從規範 (norms) 或別的有關的標準或規則去作決定，以滿足他的「需要意向」(need-disposition)，並達到目的❹。換句話說，價值取向是爲了獲得滿足「動機取向」(motivational orientation) 的一種手段，或者說，一個過程。

價值的運作很顯然可以表明性格的趨勢，反過來，性格也影響到評價標準，二者通常是互相關聯。原因是人類的行爲除了受某些基本的生物性驅使之外，多爲文化環境 (cultural environment) 所左右，從上一代到下一代，從舊的到新的，除非遭遇突然的變故，文化就在這種學習過程中延續下去。在不同文化環境中培養出各種不同的

---

❸ Parsons & Shils (1912: 166)；Morris 的三分法是：運作的 (operative)、想像的 (conceived)、和客觀的 (objective)（見徐道鄰譯，民 46: 88-89，他對於這三個字有不同的譯法）；Rescher 在另文裏 (1969a: 68-109) 提出許多新的看法。Von Mering (1961: 96-8) 的價值範圍則分得更細，可參閱。Albert (1956: 224) 的分類則偏於以心理學爲着眼點。

❸ Parsons and Shils (1962: 59-60).

價值標準和性格類型。

　　許多學者認為，中國人多具有下列一些性格特徵，如權威、保守、忍耐、順從、依賴等，這些特徵很明顯的與某些價值取向有密切關係，比如過份重視家族所造成的族長權和父權，長期的君主獨裁所造成的絕對君權，對於權威性格的形成都發揮了很大的影響力；過份的重視農業經濟與嚴格的道德上的要求，特別是忠與孝，自然使人變得保守、忍耐；而在重農與家族主義的雙重壓力之下，則使人養成一種依賴的性格；權威與道德教條，使人只好順從既存的社會規範。當然，反過來，這些性格也會加強上述價值標準的確定。很明顯，這些例子可以說明價值與國民性間的互動關係是存在的，雖然目前我們沒有統計上的數字來支持這個觀點。這種關係，從 Lipset 和 Lowenthal 所編的 *Culture and Social Character* 《文化與社會性格》❹ 一書中的論文也可以看得出來。這本書是針對 Riesman 的工作，*The Lonely Crowd* 《寂寞的羣眾》，即對美國人性格的研究，加以檢討，其中有好幾篇談到價值與性格之間的關係。許烺光在探討「美國人的中心價值和國民性」❹ 時，也特別提到價值衝突下對於性格的各種影響。Murphey 曾經替文化與人格間的關係作了一個說明，他說：「文化與人格（personality）的關係是什麼呢？兩者都建立在同樣的因素上──驅力（drives）與習性（habits）。每一種代表一特定的因素組織。人格是個人（individual）的因素組織，文化是一羣人的因素組織」❹。人格與文化是人類學上一個大問題。Murphey 所指也僅是就驅力和習性所形成而表現出來的性格特質而論，並非人

<hr>

❹　Lipset, & Lowenthal (1962).

❹　Hsu (1961: 209–229).

❹　Murphey (1964: 57–58).

格結構的全部。

　　本文只是就價值與國民性間的若干相關問題作一概略解釋。

參 考 書 目

文崇一

　　民59　〈M. 韋伯及其學術思想〉，《思與言》8(4)：37-44。

徐道鄰譯

　　民46　〈人類價值種種〉(Charles Morris 原著)，《現代學術季刊》
　　　　　1(4)：82-133。香港：東南印務出版社。

Albert, Ethel M.

　　1956　The Classification of Values: a Method and Illustration,
　　　　　American Anthropology. 58(2)：221-248.

Bell, Daniel

　　1968　National Character Revisited: a Proposal for Renego-
　　　　　tiating the Concept, in Edward Norbeck et al. eds.,
　　　　　The Study of Personality: An Interdisciplinary Appraisal.
　　　　　N. Y.: Holt.

Benedict, Ruth

　　1934　*Patterns of Culture*. Boston: Houghton.

Du Bois, Cora

　　1967　The Dominant Value Profile of American Culture, M.
　　　　　McGiffert, ed., *The Character of Americans*. Ill.: Dorsey.

Firth, Raymond

　　1953　The Study of Values by Social Anthropologists, *Man*
　　　　　LIII, October.

　　1963　*Elements of Social Organization*. Boston: Beacon.

Foster, M. George

1962 *Traditional Cultures and the Impact of Technological Change*. N.Y.: Harper.

Gorer, Geoffrey

1954 The Concept of National Character, in Clyde Kluckhohn & H. Murray, eds., *Personality in Nature, Society, and Culture*. N.Y.: Alped A. Knopf.

Hallowell, A. I.

1955 *Culture and Experience*. Philadelphia: Univ. of Pennsylvania Press.

Honigmann, John J.

1967 *Personality in Culture*. N.Y.: Harper.

Hsu, Francis L. K.

1961 American Core Value and National Character, in F. Hsu, ed., *Psychological Anthropology* Ill.: The Dorsey.

1969 *The Study of Literate Civilizations*. N. Y.: Holt.

Inkeles, Alex

1961 National Character and Modern Political Systems, in Francis Hsu, ed., *Psychological Anthropology*. Ill.: Dorsey.

Inkeles, Alex and Doniel Levinson

1954 National Character: the Study of Modal Personality and Sociocultural Systems, *Handbook of Psychology* Vol. 4.

Kardiner, Abram, R. Linton, C. DuBois and J. West

1959 *The Psychological Frontiers of Society* (7th Printing). N. Y.: Columbia Univ. Press.

Kluckhohn, Clyde

    1962　Values and Value-orientations in the Theory of Action: an Exploration in Definition and Classification, T. Parsons & E. Shils, eds., *Toward a General Theory of Action*. N. Y.: Harper.

Lipset, Seomour

    1967a A Changing American Character? M. McGiffert, ed., *The Character of Americans*. Illinois: Dorsey (4th printing).

    1967b *The First New Nation: The United States in Historical and Comparative Perspective*. N. Y.: Doubleday.

Lipset, S. & Leo Lowenthal

    1962　*Culture and Social Character*. N. Y.: Free Press.

McClelland, David C.

    1968　*The Achieving Society*. N. Y.: The Free Press.

Mead, Margaret

    1953　National Character, A. L. Kroeber, ed., *Anthropology Today*. Chicago: Univ. of Chicago.

    1954　The Swaddling Hypothesis: Its Reception, *American Anthropologist* 56(3): 395-409.

Murphey, Murray G.

    1964　Culture, Character, and Personality, John Hague, ed., *American Character and Culture*. Florida: E. Edwards Press.

    1965　An Approach to the Historical Study of National Character, Melford E. Spiro, ed., *Context and Meaning in Cultural Anthropology*. N. Y.: The Free Press.

Parsons, Talcott

  1963 *Structure and Process in Modern Societies.* N.Y.: Free
       Press.

  1966 *The Social System.* Toronto: Collier-Macmillan.

Parsons, T. & E. Shils

  1962 Values, Motives, and Systems of Action, T. Parsons &
       E. Shils, eds., *Toward a General Theory of Action.* N.Y.:
       Harper.

Perry, Ralph B.

  1926 *General Theory of Value.* Mass.: Harvard Univ. Press.

Rescher, Nicholas

  1969a What is Value Change? a Framework for Research,
        K. Baier & N. Rescher, eds., *Values and the Future.*
        N.Y.: Free Press.

  1969b *Introduction to Value Theory.* N.Y.: Prentice-Hall.

Riesman, David

  1950 *The Lonely Crowd.* New Haven: Yale University Press.

  1967 From Morality to Moale, M. McGiffert, ed., *The
       Charcater of Americans* (4th Printing). Ill.: Dorsey.

Von Mering, Otto

  1961 *A Grammar of Human Values.* Pittsburgh: Univ. of Pitt-
       sburgh Press.

Wen, Chung-i

  1971 *Stability and Change of Chinese Traditional Values.* Unpu-
       blished.

Williams, Jr., Robin M.

1977　Values and Beliefs in American Society, M. McGif-
fert, ed., *The Character of Americans*. Ill.: Dorsey (4th
printing).

滄海叢刊書目

— 3 —

— 5 —

現代詩學	蕭　蕭	著
詩美學	李元洛	著
詩學析論	張春榮	著
橫看成嶺側成峯	文曉村	著
大陸文藝論衡	周玉山	著
大陸當代文學掃瞄	葉穉英	著
走出傷痕——大陸新時期小說探論	張子樟	著
兒童文學	葉詠琍	著
兒童成長與文學	葉詠琍	著
增訂江皋集	吳俊升	著
野草詞總集	韋瀚章	著
李韶歌詞集	李　韶	著
石頭的研究	戴　天	著
留不住的航渡	葉維廉	著
三十年詩	葉維廉	著
讀書與生活	琦　君	著
城市筆記	也　斯	著
歐羅巴的蘆笛	葉維廉	著
一個中國的海	葉維廉	著
尋索：藝術與人生	葉維廉	著
山外有山	李英豪	著
胡蘆·再見	鄭明娳	著
一縷新綠	柴　扉	著
吳煦斌小說集	吳煦斌	著
日本歷史之旅	李希聖	著
鼓瑟集	幼　柏	著
耕心散文集	耕　心	著
女兵自傳	謝冰瑩	著
抗戰日記	謝冰瑩	著
給青年朋友的信（上）（下）	謝冰瑩	著
冰瑩書束	謝冰瑩	著
我在日本	謝冰瑩	著
人生小語㈠～㈣	何秀煌	著
記憶裏有一個小窗	何秀煌	著
文學之旅	蕭傳文	著
文學邊緣	周玉山	著
種子落地	葉海煙	著